轻松养育

拥抱不焦虑、从容的亲子关系

黄欣 著

华中科技大学出版社
http://press.hust.edu.cn
中国·武汉

图书在版编目（CIP）数据

轻松养育：拥抱不焦虑、从容的亲子关系 / 黄欣著. -- 武汉：华中科技大学出版社, 2025.6. -- ISBN 978-7-5772-1811-3

Ⅰ. G78

中国国家版本馆 CIP 数据核字第 2025FG3038 号

轻松养育：拥抱不焦虑、从容的亲子关系 　　　　　　　　　　黄欣　著
Qingsong Yangyu：Yongbao Bu Jiaolü 、Congrong de Qinzi Guanxi

策划编辑：饶　静

责任编辑：胡　晶

封面设计：琥珀视觉

责任校对：程　慧

责任监印：朱　玢

出版发行：华中科技大学出版社（中国·武汉）　　　　电话：(027)81321913
　　　　　武汉市东湖新技术开发区华工科技园　　　　邮编：430223

录　　排：孙雅丽

印　　刷：湖北新华印务有限公司

开　　本：880mm×1230mm　1/32

印　　张：8.125

字　　数：168千字

版　　次：2025年6月第1版第1次印刷

定　　价：59.80元

轻松养育，与孩子共同成长

　　作为一名在青少年成长陪伴领域深耕的专业人士，同时身为一个男孩的母亲，我深刻理解育儿旅程的艰辛。初为父母的夫妻，满怀喜悦地迎接新生命的到来，眼中充满了对孩子未来的无限憧憬。当孩子迈出人生的第一步，或第一次叫出"爸爸""妈妈"时，家庭每个人都沉浸在巨大的喜悦中。然而，随着孩子的成长，父母的期望也逐渐从希望孩子健康平安，扩展到学业成就、言行举止等方面。在这个过程中，当孩子调皮捣蛋或成绩不尽如人意时，父母常常会感到愤怒或焦虑；当孩子步入青春期，出现叛逆行为或情绪低落时，父母则会感到无助和忧虑……这些情感的起伏，是育儿生活的真实写照。

　　在日常工作中，我目睹了众多家庭在育儿过程中的各种情景：有些父母对孩子寄予过高的期望，急切地纠正孩子每一个微小的错误，最终却导致孩子更加抗拒；另有一些父母溺爱孩子，结果让孩子变得任性且骄横；还有些父母因孩子的升学压力而感到焦虑和恐慌，这种情绪反而伤害了亲子关系。

　　无论是陪伴自己的孩子成长，还是在帮助青少年成长

的过程中，我都逐渐领悟到，稳固的亲子关系是解决所有问题的关键。一个在充满爱与理解的亲子关系中成长的孩子，内心通常充满安全感。亲子关系宛如一座坚固的桥梁，能够让爱在父母与孩子之间畅通无阻地流淌。

当父母能够妥善管理自己的情绪，以平和的心态面对孩子时，沟通就会变得顺畅；当父母不再以命令的姿态居高临下地与孩子交流，而是以平等的方式进行对话时，就能听到孩子内心真实的想法和感受，从而更好地引导孩子学习、成长，帮助孩子培养良好的学习习惯，找到内在的学习动力。和谐的夫妻关系，可以为孩子创造一个充满爱与温暖的家庭环境，让孩子在充足的安全感中茁壮成长。孩子学会爱自己、实现自我成长，父母才能以饱满的精神状态和积极的人生态度为孩子树立榜样，引领孩子在人生的旅途上稳步前行。

在陪伴孩子的过程中，父母每一次尝试改变自身，调整与孩子的相处方式，都可以让亲子关系变得更加融洽。父母的改变与成长，不仅是对孩子当下成长的助力，更会对他未来的人生产生深远的影响。

在陪伴众多青少年成长的过程中，我有机会深入他们的家庭，与父母探讨孩子在成长过程中遇到的困境，以及如何更有效地助力孩子成长。然而，我发现许多父母在听完建议后仍然感到迷茫，不知如何将这些指导付诸实践。因此，我希望这本书能成为实用的指导手册，为父母提供明确的行动指南。当他们遇到困难时，能够从书中找到切实可行的方法，从而更加轻松自如地应对孩子的问题。父母的状态会潜移默化地影响孩子，当父母学会以轻松的状态面对挑战时，家庭氛围才会变得和谐、有序，在这样的环境中，孩子才能更好地成长。

养育孩子的道路既漫长又充满挑战，但请相信，你并不孤单。你所遇到的困惑和难题，其实许多家庭都曾经历过。当你在育儿的路上感到迷茫时，希望你能从这本书中找到解决问题的方法，陪伴孩子顺利走过每一个成长阶段。让我们一起在育儿的旅程中，与孩子共同成长。

目 录
Contents

| Chapter 1 |
轻松的亲子关系，让孩子受益终身

| Chapter 2 |

采用轻松的沟通方式，每句话都用心表达

| Chapter 3 |

妥善管理情绪，避免情绪内耗

| Chapter 4 |

父母这样做，孩子学起来既轻松又充满动力

| Chapter 5 |

夫妻关系和睦，孩子更加自信乐观

| Chapter 6 |

先爱自己，再爱孩子

轻松的亲子关系，让孩子受益终身

一、轻松养育，是父母的必修课题

亲子关系的核心在于理解与包容，父母应放下偏见与预设，走进孩子的内心世界，去感受他的喜怒哀乐，理解他的想法与需求；以无条件的爱作为包容的根基，接纳孩子的不完美以及成长路上的磕磕绊绊。爱与理解，帮助父母更好地陪伴孩子成长。良好的亲子关系，将成为孩子人生旅途中坚强的后盾。

1.轻松养育，构建良好的亲子关系

孩子的成长不仅体现在身体的发育上，更在于心灵的塑造。在这个过程中，良好的亲子关系将为孩子的成长提供源源不断的动力和支持。

在家庭中，父母与子女之间的互动是孩子最早经历的人际关系。简单来说，父母与孩子的情感联系，虽然看不见、摸不着，却深深地影响着孩子的成长和发展。

良好的亲子关系为孩子营造了一个充满爱与温暖的家庭环境，成为他在面对外界挑战时的坚强后盾。这种关系是培养孩子健康人格、树立正确价值观的重要基石，同时也有助于预防成长过程中可能出现的问题。

当父母和孩子之间建立了信任与理解，孩子就更愿意向父母倾诉自己的困惑和烦恼，而父母也能够及时发现并解决潜在的问题。

心理专家李子勋老师提倡"关系大于教育"，他指出父母不必过多阐述教育理念，不必频繁告诉孩子应该怎么做、不应该怎么做，关键在于建立良好的亲子关系。他强调的"关系"，不是过度亲密的关系，而是相对自由、和谐和彼此尊重的关系。当父母和孩子建立起这种关系，孩子会不自觉地向父母期待的方向努力。

良好的亲子关系应该是父母理解孩子，孩子也理解父母，父母不会将自己的意志强加于孩子。相反，不良的亲子关系常常表现为父母教育的方式越"正确"，其效果反而越差。

在孩子的成长道路上难免会遇到各种问题，如学习问题、行为问题、情绪问题等。适度的焦虑可以让父母更加关注孩子并给予必要的支持，而过度的焦虑却可能会引发压力，导致父母过分关注结果而忽视了孩子努力的过程，这可能会伤害父母和孩子之间的关系。

轻松养育的理念是提倡父母保持冷静和理性，以便做出明智的决策，并以平和的心态与孩子沟通，共同解决问题。这一理念强调良好的亲子关系是家庭关系的核心，父母与孩子之间

建立了良好的关系，沟通和互动才会更顺畅，这对孩子身心健康极为有益。

当父母和孩子建立了良好的亲子关系，他们才能够更有效地应对孩子在成长过程中遇到的问题，并找到合适的解决方案。例如，当孩子遇到学习困难时，父母可以提供支持和鼓励，与孩子一起制订学习计划，帮助孩子克服困难。当孩子出现行为问题时，父母应与孩子进行深入沟通，理解孩子的想法和感受，并引导他自我反思和改进。

以下五步将助力父母轻松养育，并与孩子建立良好的关系。

（1）深入了解孩子。

观察行为：关注孩子在不同情境下的反应和行为，了解他的喜好和需求。

日常交流：每天抽出几分钟时间与孩子聊天，了解他当天的情绪和经历。

（2）倾听孩子的心声。

专注聆听：当孩子与你说话时，尽量放下手机和其他事情，全神贯注地倾听。

积极反馈：用"嗯""这样啊"等简单词语回应，表示你正在认真聆听。

（3）支持孩子。

小目标：与孩子一起设定可达成的小目标，例如阅读一本书、学习一项新技能等。

鼓励尝试：当孩子尝试新事物时，给予鼓励和赞美，即使遭遇失败了，也要鼓励他再次尝试。

（4）陪伴孩子。

设定固定时间：每周安排一段固定的家庭时间，例如周末的某个时间段，全家人可以一起做游戏或安排其他活动。

共同参与活动：选择一些简单易行的活动，如一起画画、做手工或进行户外运动等，与孩子一同参与并享受其中的乐趣。

（5）爱护孩子。

日常表达爱意：经常向孩子表达你的爱意，可以通过拥抱、亲吻或简单的语言来实现。

关注情绪变化：留意孩子的情绪变化，当孩子感到不开心时，及时给予安慰。

营造一个和谐的家庭环境，给予孩子足够的关爱和支持，有助于孩子与父母建立安全、稳定的依恋关系，这样，孩子将来与他人交往时，更容易建立良好的人际关系。

父母应当以身作则，成为孩子的榜样。孩子往往通过观察和模仿父母的行为来学习社会规则，并建立正确的社会认知。

作为父母，我们总是希望给予孩子最好的一切，希望他能够健康成长，拥有一个美好的未来。然而，在养育孩子的过程中，父母经常会遇到各种问题和挑战，这可能会引起焦虑和不安。这些情绪不仅会影响父母的身心健康，也可能对孩子的成长产生负面影响。因此，轻松养育的关键是父母要学会减轻自

己的焦虑，采取轻松、自在的育儿方式，有助于孩子的身心健康成长。

2.留出一些时间，做一些有意义的活动

父母对孩子的期望主要集中在学业成绩与未来的发展上，这种期望无形中可能会演变为沉重的学业压力，使孩子很少有闲暇玩耍——这些本是孩子探索世界、培养社交能力和创造力的自然方式。父母普遍抱有让孩子出类拔萃、成为社会栋梁的美好愿景，但现实与理想的差距往往让父母在养育过程中感到挫败与焦虑，这些情绪也不可避免地影响到孩子，让孩子也陷入焦虑之中。

很多人都会说，"80后""90后"小时候经常被父母体罚，为何鲜少出现焦虑和抑郁的症状？而现在的孩子似乎更容易受到这些心理问题的困扰。的确，那个年代的父母忙于生计，没有太多的时间和精力关注孩子的学业，"80后""90后"有大量的自由玩耍时间，在户外奔跑、与小伙伴们一起做游戏、探索各种新鲜事物。

而现在的孩子因学业压力、安全问题等各种原因，玩耍时间和形式都发生了很大的变化。许多孩子被限制在家里或者室内活动场所，玩耍时间常常被各种学习任务挤压。一旦孩子暂停学习，父母就会担心孩子成绩落后，未来的前途可能受到影响，担心孩子输在竞争激烈的起跑线上，无法适应未来的社会

发展。

这种观念让父母陷入了"孩子一旦玩耍就可能落后"的困境，由此产生的行为往往也会适得其反。父母担心玩耍会耽误孩子的学业，因此不断催促他学习，甚至在孩子的休闲时间也安排了各种学习活动，这通常会导致亲子关系紧张。孩子认为自己的休闲时间被侵占，个人的兴趣和爱好得不到应有的重视和满足；父母则因为孩子的抵触和不满感到焦虑和无助。

孩子需要的不只是知识的积累，而是全面的发展，包括身体、情感、社交和创造力等方面。实际上，玩耍和探索是孩子成长过程中至关重要的环节。通过玩耍，孩子能够锻炼想象力、创造力和社交能力，学会如何与他人合作和解决问题。探索则有助于孩子发现个人的兴趣和爱好，激发他的好奇心和求知欲。

作为父母，是否为孩子提供足够的休闲时间，让他有自由支配时间的权利；是否尊重孩子的兴趣和爱好，让他有机会玩耍和探索；是否鼓励孩子独立思考和解决问题，培养他的自主性和创造力；是否注重培养孩子的情感和社会技能，提高他的人际交往能力。这些问题都至关重要。

课外阅读、玩耍、与伙伴闲聊等活动，虽然常被贴上"浪费时间"的标签，但实际上是很有意义的，它们是孩子成长过程中不可或缺的组成部分。这些活动有助于孩子在想象力、创造力、社交能力、情感表达能力以及自我认知等多个方面得到发展。

在陪伴孩子成长的过程中，父母不仅要重视传授知识，还要密切关注孩子的身心健康。一些有意义的活动能够缓解孩子的学习压力，调整他的身心健康。更为重要的是，它们为孩子的想象力和创造力开辟了广阔的空间，有助于培养孩子的思维创新能力。

来吧，和孩子一起在周末做一些有意义的活动吧！

户外活动：鼓励孩子在周末参与户外活动，如徒步、骑自行车、登山等。这些活动不仅能增强孩子的体能，还能让孩子更多地接触和感受大自然。

科学小实验：与孩子一同进行简单的科学小实验，例如水的密度实验、静电实验等。这些实验能够激发孩子对科学的兴趣，同时培养他的观察力和思考能力。

家庭亲子阅读：建立一个家庭图书馆，定期购置适合孩子阅读的书籍。与孩子一起阅读和讨论书中的内容，有助于培养他的阅读习惯和批判性思维。

使用手机：与孩子共同制订手机使用规则，引导他在使用手机时筛选优质内容，如教育类APP、科普视频等。

周末烘焙：和孩子一起尝试制作简单的烘焙食品，如饼干、蛋糕等。这不仅能培养孩子的动手能力，还能增进亲子间的合作与沟通。

烹饪比赛：设定一个主题，如健康沙拉、创意比萨，与孩子进行烹饪比赛。这样的活动既有趣又富有教育意义，可以让孩子学到更多关于食物和营养的知识。

定期家庭会议：定期组织家庭会议，让孩子也参与其中，培养孩子的责任感和参与意识。在会议上，每个人可以分享自己的喜悦和困扰，大家共同讨论家庭计划和决策。

总体而言，父母给予孩子适度的自由和时间去做一些有意义的活动，不仅有助于培养孩子健康的心理状态，而且还能增进父母与孩子之间的关系。当父母允许孩子自由地探索世界，满足他的好奇心，他将会更加信任父母，也会增强自信，更愿意与父母分享自己的想法和感受。

二、告别溺爱，让爱与规则并行

溺爱，是一种过度且不恰当的爱，体现为对孩子无条件地满足、包庇和纵容。溺爱孩子的父母往往忽略了孩子真正的成长需求，过度保护孩子，减少他面对的困难和挑战，这可能会导致孩子缺乏独立性、自我控制力和责任感。这种爱的表达方式似乎体现了父母对孩子的深切关怀，但实际上却可能对孩子的心理发展和人格塑造产生严重的负面影响。

溺爱的弊端可以从以下六个层面举例说明。

第一，自我中心化倾向。

一个在溺爱环境中长大的孩子，往往容易形成以自我为中心的认知。例如，在家庭中，他可能会认为所有的好东西都应该优先给他，而其他人都应该顺从他的意愿。这种认知在学校或社会中可能会表现为自私、不顾及他人感受，甚至可能产生霸道的行为。

第二，独立自主能力差。

被溺爱的孩子可能会缺乏独立生活的能力和自主性。例如，一个被溺爱的孩子在上大学后，可能因为无法适应独立生活而频繁向父母求助，甚至无法完成基本的日常事务，如洗衣服、打扫卫生等。

第三，缺乏责任感和同理心。

由于长期受到父母的过度保护，溺爱的孩子可能不懂得承担责任和关心他人。比如，他可能会忽视家庭的规则和责任，不愿意分担家务或照顾家人；在与人交往中，也可能缺乏同理心，不懂得关心他人的感受和需要。

第四，抗挫折能力差。

被溺爱的孩子通常缺乏面对挫折和失败的经历，一旦遭遇困难或挑战，可能会选择逃避或放弃。例如，在学习中遇到难题时，他可能会立即向父母求助，而不是尝试自己独立解决问题；在工作中遇到挫折时，也可能会选择逃避责任或辞职。

第五，形成不良习惯。

父母的溺爱和纵容可能会导致孩子养成不良习惯。比如，孩子可能会有任性、撒谎、不遵守规则等不良行为；在生活习惯方面，也可能变得懒惰和不注重卫生。这些不良习惯不仅有损孩子的个人形象和人际关系，还可能对他的未来发展和生活产生负面影响。

第六，亲子关系紧张。

溺爱让孩子习惯了无原则地索取，导致孩子在面对外界正常的规则和要求时难以适应和配合。例如，孩子习惯了家中的特殊待遇，在学校难以接受老师和同学平等对待的方式，这常常会引起冲突。父母因溺爱而一味袒护，使孩子更难以融入社交环境，进一步固化了孩子的不良行为。待父母想尝试纠正时却发现困难重重：父母因孩子难以管教而感到挫败和愤怒；孩子则因父母态度的转变感到委屈，甚至产生逆反心理。双方的矛盾不断积累，导致亲子关系紧张甚至破裂。

1.避免过度保护

过度保护是指父母或监护人过分地关注、限制孩子的行为和活动，以防止他受到伤害或面对挫折。

父母的过度保护会限制孩子自主探索和尝试的机会。孩子若没有机会自主完成任务或解决问题，可能会对自己的能力产生怀疑，从而缺乏自信心；习惯于依赖父母解决问题的孩子，可能会失去独立思考和行动的能力，影响其独立性；若父母总是替孩子承担责任，孩子就无法学会对自己的行为负责，导致

缺乏责任感。

父母过度保护孩子，往往源于对孩子深切的关爱和担忧，担心孩子会受到伤害或遭遇失败，试图通过保护来避免这些风险。实际上，这种方式剥夺了孩子面对挑战和困难的机会，影响其自我认知和价值观的形成。

10岁的小明作为家中的独生子，自出生起便受到父母无微不至地关怀和照顾。在他的成长道路上，几乎没有遇到过挑战或困难，父母总是迅速且无条件地满足他的所有需求。然而，随着小明逐渐长大，他开始表现出一些令父母担忧的行为。他以自我为中心，常常只考虑自己的感受和需求，缺乏对他人的同情和理解，这导致他的独立性不足，对父母过分依赖，以至于日常生活中的小事，如穿衣、整理书包等，都需要父母的帮助。最令父母头疼的是，小明出现了叛逆行为，故意与父母对抗。

小明在与父母交流时，常常在父母未说完话时就打断他们，并且语气很不礼貌。例如，当母亲提醒他完成作业时，他可能会不耐烦地说："我知道了，你烦不烦啊！"当父母试图纠正他的行为时，他会表现出强烈的抵触情绪，有时甚至摔门而出。

小明的叛逆行为，既是对现状不满的宣泄与反抗，也是他在探索自我身份与追求自主权时遭遇困难的体现。他可能并不清楚自己的行为会带来怎样的后果，只能通过对抗的方式表达内心的焦虑和不安。这种矛盾的心理状态不仅使他陷入迷茫，不知道该如何面对父母，同时也给父母带来了巨大的压力和挑战。

父母意识到他们过去的教育方式可能存在问题，但面对小明的叛逆行为，他们感到无所适从，不知道该如何有效地引导和纠正他，家庭氛围因此变得紧张起来，亲子关系也受到了严峻的考验。越是在这种时候，父母越要稳住，不要着急，要陪着孩子一起解决问题，不要强行去改变孩子，而应试着从自己做起，改变自己的言行，继而影响孩子开始改变。

首先，父母要逐渐减少对小明的过度保护。例如，不再包办所有的事情，引导小明承担一些责任和义务；鼓励小明自己制订学习计划和安排生活，父母陪伴他按时完成。

其次，父母要引导小明参与家庭事务和集体活动。比如，选择假期旅游的目的地。父母还应鼓励小明在学校里与他人合作，学会倾听他人的意见。

最后，让小明尝试自己解决一些小困难。比如自行车坏了，尝试自己修理。让小明逐渐领悟到，生活中并非所有事情都能顺心顺意，他必须学会自己面对困难。

经过一段时间的坚持和努力，小明变得不再像以往那样依赖父母，而是开始自己独立解决问题，社交能力得到了显著提升，能够更好地与他人相处和协作。

关爱不等于溺爱，父母关爱孩子应注意以下几点。

（1）确立明确的规则。

确立明确的规则至关重要，它能为孩子提供一个清晰的行为准则。含糊的规则可能会导致孩子感到迷茫，不清楚哪些行为是被允许的，哪些是不被允许的。

父母与孩子共同制订规则，可以让他感受到被尊重，从而更愿意遵循这些规则。

规则应覆盖日常生活的各个方面，包括作息时间、学习习惯、人际交往等，并根据孩子的年龄和成长阶段适时地调整。

（2）使用正面的表达方式。

父母应当用正面语言描述期望的行为，而不应仅仅指出禁止的行为。例如，父母可以告诉孩子"我们吃饭时要坐在餐桌旁"，而不是"不要在电视机前吃饭"。

正面的表述方式有助于孩子更清晰地理解并遵循父母的要求。

（3）规则的贯彻执行。

制订的规则应该是切实可行的，父母能够监督和检查孩子是否遵循了这些规则。

规则的执行情况应当是可衡量的，比如通过完成任务的勾选清单或者积分系统来进行总结。

规则应当明确，同时也要具备一定的灵活性，以便应对特殊情况或意外事件。

（4）书面记录。

将规则书写下来并张贴在显眼的地方，有助于孩子随时回顾并提醒自己。

书面记录让规则显得更加正式和具有权威性，减少口头规则可能导致的记忆模糊或遗忘。

（5）给予正面激励。

正面激励是鼓励孩子的有效策略。当孩子遵守规则、表现出良好行为时，父母应当及时给予表扬和奖励。

奖励可以是物质上的，也可以是精神上的，例如一句赞美的话语、一个拥抱或一个微笑。这些都可以让孩子感受到被认可，从而激发他继续遵守规则的动力。

（6）以身作则。

父母的行为对孩子有着潜移默化的影响。如果父母能够遵守家庭规则、社会规则，尊重他人、展现出责任感，那么孩子很可能会效仿这些行为。

父母应以身作则，成为孩子的榜样。通过自己的行为传递正确的价值观和行为习惯，帮助孩子健康成长。

（7）定期评估与调整。

定期回顾和评估规则的适用性和有效性，特别是在孩子成长过程中或家庭情况发生变化时。

根据实际情况调整规则，确保规则始终与孩子的成长阶段和家庭价值观保持一致。

这样，孩子可能会更愿意遵守这些规则。

作息时间

晚上 9:00 前上床睡觉
早上 7:00 起床
周末可以适度地晚睡和
晚起,但时间不宜超过
平时的1小时

用餐时间

早餐时间为 7:30,午餐
时间为 12:00
晚餐时间为下午 6:30
不在餐桌以外的地方
吃饭

学习时间

每天晚上固定学习
时间为 7:00 至 8:00
完成作业后,享有半小时
的娱乐时间作为奖励

娱乐时间

每天使用电子设备的
时间不超过半小时
睡觉前1小时禁止使
用电子设备

时间分配参考图

习惯规则

个人卫生

每天早上和晚上刷牙、洗脸
保持房间整洁,物品用后归位

家务分担

每周轮流洗碗和打扫卫生
自己的房间自己整理,公共区
域的卫生,大家共同维护

饮食习惯

避免以零食取代正餐
多喝水,少喝饮料
尝试品尝各种蔬菜和水果,不
挑食

运动习惯

每天至少进行半小时的户外
活动
每周至少安排一次家庭体育
活动或户外运动

2.少点期望，多点尊重和理解

有些父母可能会过分关注孩子的一举一动，仿佛直升机一样，日复一日在孩子的头顶上空盘旋；又如同扫地机器人一样，为孩子扫清前行道路上的所有障碍。

身为父母，对孩子抱有期望是人之常情。期望本身并非问题所在，关键在于父母如何合理地设定并处理这些期望。期望实际上是一把"双刃剑"，它既能够激发孩子的进取心，也可能给孩子带来沉重的压力。过高的期望可能会让孩子觉得自己无法满足父母的期望，从而产生挫败感和自卑情绪，而父母也可能因为失望，产生失落感，这都可能会影响到亲子关系。

适度的期望有助于孩子树立目标感和方向感，但关键是要根据孩子的实际情况和能力水平来设定合理的期望值，并提供足够的支持和资源，助力孩子达到父母的期望值。

亲子关系是生命中最为亲密且复杂的情感纽带，它建立在相互理解和尊重的基础上，通过不断磨合而逐渐稳固。这种关系并非一朝一夕就能形成，而是在日常生活中逐渐培养起来的。对于父母来说，建立与维护亲子关系，远比简单的判断对错更为重要。

轻松养育更多的是关注孩子在家庭中的情感需求和心理状态，这种方法旨在减轻父母的焦虑，而不是增加焦虑。它倡导父母以更加开放和包容的心态陪伴孩子的成长，理解并接纳孩子的不完美和独特性；用发展的眼光看待孩子的成长，认识到每个孩子都是独一无二的个体，拥有自己的成长节奏和学习方式。

在孩子成长的道路上，错误和失败是不可避免的。父母应当鼓励孩子在安全的范围内试错、探索，并从错误中积累经验和吸取教训。这样的经历将教会孩子如何承担责任、如何面对挫折，以及如何调整策略。

在海豚训练的过程中，训练员通常用明确的奖励制度和温和的引导方法，助力海豚掌握复杂的表演动作。海豚训练的核心要素包括以下几个方面。

明确的奖励制度：训练员会在海豚做出正确的动作后立即给予奖励，例如提供小鱼或发出哨声以示肯定。这种即时的反馈机制确保海豚能够清楚地知道哪些行为是受到鼓励的。

温和的引导方式：训练员避免使用惩罚性工具，而是通过耐心引导来强化训练海豚。这种方式不仅保护了海豚的身心健康，还提高了训练效率。

关系建立：在训练池中，训练员与海豚之间建立了亲密且信任的关系，为后续的高难度训练奠定了坚实的基础。这种信任关系对于海豚的学习和表演来说至关重要。

这种方法同样适用于家庭教育环境，父母可以采用这种方

法构建和谐的亲子关系：设定清晰的界限引导孩子成长；通过正面反馈和奖励机制来增强孩子的自信心和学习动力；以温和的引导和适时的鼓励帮助孩子克服挫折和困难；通过相互尊重和理解来培养深厚的亲子感情。

那么，具体应如何实施呢？

（1）即时反馈与奖励。

在家庭教育中，父母可以采用即时反馈和奖励的策略。每当孩子做出正确的行为或取得进步时，父母应立即给予肯定和鼓励，比如通过表扬、拥抱或给予小礼物等形式。这种即时的正面反馈有助于孩子清晰地认识到哪些行为是受到父母认可的，从而增强他的自信心和积极性。

（2）温和地引导与沟通。

父母应避免使用惩罚性的教育手段，而应采用温和的引导和沟通方式，这有助于保持亲子关系的和谐。当孩子犯错或表现不佳时，父母应耐心了解原因，并与孩子一起探讨解决问题的方法，而不是简单粗暴地予以批评和指责。

（3）构建信任关系。

父母应努力与孩子建立起亲密且充满信任的关系，成为孩子的朋友和引路人。通过陪伴、互动和倾听等方式，让孩子感受到关爱和支持，从而增强他的安全感和归属感。这种基本信任的关系有助于孩子在遇到困难和挑战时，更倾向于向父母寻求帮助和支持。

　　良好的亲子关系并非控制与反抗的拉锯战，它建立在自由、和谐与相互尊重的基础之上。即使父母精通所有的教育技巧和方法，若亲子关系紧张、缺乏信任和理解，这些技巧也将无用武之地。

　　真正的教育方式，不仅仅是知识的传授和技能的训练，还包括情感的交流和心灵的沟通。

　　父母不用在孩子面前扮演全知全能的角色，可以展现出谦虚、愿意学习的一面，与孩子一起探索、一起成长、一起面对生活中的挑战和困难。这样的教育方式能够激发孩子的内在动力和自信心，培养孩子独立思考和解决问题的能力，有利于孩子的长远发展。

三、孩子并不笨，别随意"贴标签"

　　自我认同，也被称为自我同一性，由美国心理学家埃里克·埃里克森（Erik Erikson）提出，它是指个体通过对个人经历的反思，形成的对自我的理解。简而言之，自我认同指的是一个人对自己有清晰、明确的认知，并且对这种认知保持持续而稳定的认同。

　　自我认同不仅是对外在特征（如姓名、年龄、性别等）的

认同，还包括对内在特质（如价值观、信仰、性格等）的认同。这种认同感源自个体在成长过程中积累的经验、接受的教育，以及所处的社会文化环境等多种因素。

具备良好自我认同感的人，通常会有更强的自信心和自尊心，更愿意探索新事物、挑战自我，并且更有动力去追求自己的梦想。相反，缺乏自我认同感的人可能会感到自卑，缺乏自信，甚至可能产生心理障碍。

具备良好自我认同感的人，往往更易于与他人构建互信和合作，也更容易获得别人的尊重和认可。同时，他们能够更加灵活地适应社会环境，应对各种挑战和压力。

1. "贴标签"容易，"撕标签"难

父母对孩子抱有一定的期望，但当孩子无法满足这些期望时，往往会遭受负面的评价，被贴上各种负面标签。例如，"你不够聪明""你总是这么懒散""你永远都做不到"等话语，这些可能只是父母的无心之言，但对孩子来说，却可能成为他自我认同的一部分。

当孩子被贴上某种标签时，他可能会在主观上做出与该标签相符的自我管理，会在不知不觉中接受与之对应的评价，认为这就是他的本性。比如，当孩子被贴上"学习不好"的标签后，他可能会逐渐认同这一评价，认为自己的脑子天生就笨，

从而减少在学习上的努力。这种认知会逐渐变得根深蒂固，成为他生命中难以抹去的印记。更糟糕的是，一旦孩子接受了这些负面标签，他可能会以此为借口，逃避责任。比如，一个被贴上"不爱运动"标签的孩子，可能会以此为借口拒绝参加体育活动，进一步加剧孩子不爱运动的问题。

自我认同是指个体对自己在社会中的角色、价值和信仰的认知和评价。当孩子不断地从周围环境中接收到某种负面标签的信息时，这些信息会影响他的自我认同，限制孩子自我成长和改变的可能性。当孩子被贴上某个负面标签时，他可能会相信这就是自己的全部，从而放弃努力或不再尝试新的事物。这种心理现象被称为"自我实现的预言"：一旦个体相信了某个关于自己的负面评价，他的行为可能会无意识地朝着这个评价所指示的方向发展。

为了避免出现这种情况，父母需要学会以积极的方式来看待和评价孩子。首先，避免将孩子与他人进行比较，也不要将自己的期望强加给孩子。其次，关注过程而非结果，关注努力和进步，而不仅仅是最终的成果。当孩子取得小小的成就时，父母应及时给予肯定和鼓励，帮助他建立积极的自我认同感。最后，要接受孩子本来的样子。成长是一个充满变数和可能性的过程，不要因为孩子在某个阶段的表现而对他做出终极的判断。

如果孩子已经被贴上了负面标签，父母该如何应对呢？

（1）积极沟通，倾听孩子的想法。

与孩子进行积极的沟通，倾听他对该标签的看法和感受。

（2）以事实为依据，消除负面影响。

父母可以通过日常生活中的具体事例，帮助孩子消除某些负面标签带来的影响。例如，如果孩子被贴上了"懒惰"的标签，父母可以指出他在某些时候表现出来的勤奋和努力，消除负面影响。

（3）鼓励孩子展现自己的优点和特长。

鼓励孩子在自己擅长的领域展现才能，这有助于增强他的自信和自尊。当孩子认识到自己的价值时，他将更容易摆脱这些负面标签的限制。

（4）引导孩子正确理解他人的评价。

教育孩子学会判断他人的评价是否公正，并引导他以积极的态度接受他人的批评和建议。让孩子明白，每个人都有自己的优点和不足，关键在于如何正视并改进这些不足。

（5）适时寻求专业帮助。

如果孩子的困扰持续存在且影响到他的日常生活和学习，父母可以考虑寻求专业心理咨询师或教育专家的帮助。他们能够提供针对性的建议和支持，帮助孩子更有效地应对负面标签带来的困扰。

（6）提供榜样。

为孩子树立榜样，无论是家人、朋友、名人还是虚构角色，都能引导孩子摆脱负面标签的刻板印象，并对自己保持积极正面的认知。

（7）定期与孩子进行自我评价。

定期与孩子一同审视自我，让其回顾自己的进步和曾经面对的挑战，这有助于孩子建立更为客观和全面的自我认识。

（8）创造良好的家庭环境。

家庭环境对孩子的成长至关重要。营造一个充满爱、理解和支持的氛围，让孩子感受到家庭的温暖和安全感，这将有助于孩子更好地面对挑战和困难，更容易摆脱负面标签的束缚。

2.孩子的不完美，并不妨碍其成长

当孩子被要求在每个领域都做到最好时，他可能会因为害怕失败而不敢尝试新事物。任何微小的不完美都可能被看作是失败，这种对失败的恐惧剥夺了他探索世界、挑战自我的机会，限制了他的成长和潜能发展。更严重的是，长期的完美主义压力可能导致孩子出现焦虑、沮丧等负面情绪，甚至可能演变成更严重的心理问题。

在心理咨询室中，我遇到过许多才华出众但自我评价极低的孩子。他的内心深处总有一个"理想的自我"在阻碍他前行的步伐，但这个"理想的自我"往往超出了他的实际能力。当孩子无法达到这个超高标准时，他会感到极度的挫败和焦虑。

完美主义往往源自过高的自我期望和对失败的过度恐惧，这种心态可能会使个体在面对挑战时感到紧张，担心自己的表

现不够完美，进而影响到正常发挥。然而，成长型思维倡导个体以积极、开放的心态审视自己的能力和潜力，通过不懈地努力和学习，逐步提升自我，促进成长。

父母应当意识到，孩子的不完美并不会妨碍其成长。相反，正是因为不完美和失败，孩子才能学会自我调整，并不断取得进步。父母应该协助孩子建立正确的自我认知，引导他正视自己的优点和不足，接受自己的不完美，并学会设定合理的目标。

小明在数学学习上遇到了困难，尽管他很努力地学习，参加了各种补习班，甚至聘请了家庭教师，但成绩仍然没有明显提高。每次数学考试结束后，他总会带着一份分数不高的试卷回家。

在固定型思维的家庭里，小明的父母可能会认为小明在数学方面缺乏天赋，对他的努力视而不见，甚至用贬损的语言打击他的自信心。在这种环境下，小明可能会对数学产生强烈的恐惧和反感，认为自己永远也学不好这门学科。

相反，在成长型思维的家庭中，小明的父母会是截然不同的态度。他们会理解小明在学习过程中遇到的困难，并鼓励他不要放弃。父母会与小明一起分析试卷上的错误，找出他在数学上的不足之处，并一起寻找更有效的学习方法。这样的家庭氛围会让小明感受到被支持和理解，也会激励他继续努力前行。

为了培养孩子的成长型思维，父母首先需要调整自己的心态，审视自己是否存在追求完美的倾向，并学会接受孩子的不完美。同时，父母应当强调孩子的优点和努力，而不是只关注结果或成绩，鼓励孩子勇敢面对挑战、从失败中吸取教训以及持续不懈地努力，帮助孩子积极地面对失败和培养自信心。

在日常生活中培养孩子的成长型思维是一个逐步推进的过程，需要父母耐心地引导和言行一致。以下这些建议可以帮助父母在日常生活中培养孩子的成长型思维。

（1）鼓励孩子尝试新事物。

当孩子对某些事物表现出兴趣时，鼓励他勇敢尝试，即使孩子可能不擅长或会犯错误。

为孩子提供机会，让他体验各种不同的活动，例如参加社区活动、探索自然、学习手工艺等。

（2）重视孩子的努力和进步。

应当赞扬孩子的努力和进步，而不仅仅是关注最终结果。例如，父母可以说"我看到你练习了很多次，真的进步了很多"，而不是简单地说"你做得很好"。

鼓励孩子与自己比较，专注于个人的成长和进步，而非与他人进行比较。

（3）培养孩子解决问题的能力。

当孩子遇到难题时，父母不应急于给出答案，而应引导孩子思考如何独立解决问题。

鼓励孩子尝试多种解决方法，即使遭遇失败，也要鼓励他

再次尝试。

（4）正面应对挑战和失败。

帮助孩子理解挑战和失败是学习过程中不可避免的，每个人都会经历。

当孩子遭遇失败时，父母应鼓励他从中吸取教训，并思考如何在下一次做得更好。

（5）开放式沟通。

父母应与孩子进行开放而诚恳的沟通，鼓励他表达自己的感受和想法。

当孩子提出问题时，父母应尽量给出全面或多元的答案，引导孩子进一步思考。

（6）培养孩子的好奇心。

鼓励孩子提问，并对他的问题表现出兴趣和关注。

为孩子提供资源和机会，让他探索自己感兴趣的话题或领域。

小明对数学感到困扰，特别是在面对复杂题目时。在一次数学作业中，他遇到了一个特别棘手的难题，尝试了几次都未能解答出来，他感到非常沮丧。

父亲注意到了他的情绪变化，决定用行动来提供帮助。父亲明白，此时责备或者施加压力可能会影响到亲子关系，于是他坐在小明的身边，耐心地听小明描述题目的难点。随后，父亲与小明一同查找解题资料，整个过程中没有责备、没有抱怨，小明感到压力减轻了许多。

第二天，父亲与小明共同制订了一份学习计划，确保每天抽出一段时间专注于数学学习，不仅包括完成作业，还包括复习基本概念和做额外的练习题。父亲还鼓励小明在遇到难题时记录下来，以便之后一起回顾并探讨解题方法。

为了进一步激发小明的学习热情，父亲分享了自己年轻时学习过程中遇到的挑战，以及他是如何通过坚持、尝试多种方法和寻求帮助来克服这些困难的。他希望小明能够明白，学习和成长是一个持续的过程，每个人都会遇到困难，但关键在于保持积极的态度和不懈的努力。

父亲的经历让小明深信，只要他不放弃，愿意持续努力和学习，就能克服任何困难。小明开始主动挑战数学难题，数学成绩也逐步提升。除了数学上的进步，小明在其他领域也展现出成长型思维，他变得更加乐观和自信，乐于尝试新事物并接受挑战。

四、即使父母时间有限，也能 实现高质量的陪伴

1.如何实现高质量的陪伴

陪伴，在人生的每一个阶段都承载着深刻的意义，它不只

是字面意义上的共处，更是情感上的依托和精神上的支持。特别是对于亲子关系来说，陪伴构成了亲子间最坚固的基石，它为孩子营造了一个稳定而安全的成长环境。当孩子在成长过程中遭遇困难、挫折或陷入恐惧时，父母的陪伴能够及时给予孩子安慰和支持，帮助他树立自信，勇敢地迎接生活中的各种挑战。

亲子间的陪伴是情感交流的桥梁，它不仅增强了家庭成员间的情感联系，而且也对孩子的情感发展起到了积极的推动作用，为其未来的人际交往打下了良好的基础。通过日常的陪伴，父母可以更深入地了解孩子的想法、感受和需求，从而更精准地进行引导。此外，陪伴还能够提高孩子的认知，在与父母的互动过程中，孩子能够接触到更广泛的信息、多元的观点和多样的思考方式，这有助于拓宽他的视野，激发他的好奇心，培养他解决问题的能力。

高质量的陪伴意味着父母或监护人在与孩子相处的时间里，能够全心全意地关注孩子，积极地参与到孩子的日常生活和成长过程中。这种陪伴不仅需要父母的身体在场，更需要父母用心去理解、倾听、引导和支持孩子。父母应尽量减少分散注意力的事务，将注意力投注于孩子身上。高质量的陪伴并不以时间的长短为标准，而是以父母在有限的时间里能够给予孩子的关注、理解和爱的质量来衡量。

陪伴是风雨同行时的一把伞，为孩子遮风挡雨，让前行的道路不再孤单；陪伴是疲惫时的一杯热茶，温暖身心，让所有的辛酸瞬间化为甜蜜；陪伴是亲子间一个眼神便能传递的支持与鼓励，是亲子间无需言语便能理解的默契。

如何高质量地陪伴孩子，在陪伴的过程中父母可以做些什么？

（1）眼神交流。

在与孩子交流时，父母应保持眼神专注且充满温暖。

与孩子保持眼神接触，让孩子感受到父母对话题的关注和兴趣。

（2）倾听和理解。

当孩子与父母交流时，避免打断或急于做出判断。

通过重复孩子的话或提问来确认理解，比如："你是说你觉得这个玩具很有趣，对吗？"

（3）共同参与活动。

挑选与孩子年龄和兴趣相符的活动，例如搭积木、画画、阅读或户外探险等。活动过程中，父母要与孩子积极互动，例如一起讨论故事情节或共同解决搭积木时遇到的问题等。

（4）表达爱意和赞美。

父母经常向孩子表达爱意，并为孩子取得的成就感到骄傲。

用欣赏的语言来赞美孩子，例如："我喜欢你画的这幅画，颜色搭配得真美！"

（5）增加肢体动作。

父母给予孩子一个温暖的拥抱或亲吻他的额头，是很好的表达爱意的方式。

在与孩子互动的过程中，多使用鼓励性的肢体动作，例如轻拍他的肩膀或给他赞许的手势。

（6）营造轻松的氛围。

在陪伴孩子的过程中，父母同样需要放松身心，让孩子感受到父母轻松且愉悦的心情。

也可以通过分享笑话、做游戏或一起唱歌跳舞等活动，为孩子带来欢乐的时光。

（7）设定专属的陪伴时间。

尽可能每天安排一段时间，专门用于陪伴孩子，让孩子感受到这段时光是专属于你们的。

尽量关闭手机或其他可能造成干扰的电子设备，全心全意地投入到与孩子互动中。

2. "陪着"不等同于"陪伴"，掌握三个方法实现轻松陪伴

在繁忙的生活中，父母常常难以腾出充足的时间与孩子共度时光。好不容易有了共处的时刻，却可能因为疲惫而陷入"陪着"而非"陪伴"的误区。陪着，意味着身体上共处一室；而陪伴，则需要情感上的投入和心灵的交流。对于孩子来说，他渴望的不仅仅是父母在场，更需要的是父母真正的陪伴。

孩子的成长是一个涉及身体、智力、情感以及人际关系等多方面的复杂过程。在这一过程中，满足情感需求对于孩子的心理健康和社会适应能力尤为重要。有效的陪伴能够增强孩子

的安全感，同时也促进孩子自我认知和社会适应能力的发展。

以下三个方法能够助力父母实现轻松且有效的陪伴。

（1）全神贯注地倾听。

当孩子分享他的想法、感受或经历时，父母应放下手机、关闭电视，将注意力完全集中在他的身上，通过点头、微笑或简单的肯定回应来表明正在认真聆听。比如，父母可以说："我理解你感到很开心，因为……"重复孩子的话，确保理解了他的感受。

这种倾听不仅是对孩子的尊重，也是增进亲子关系的关键。

（2）积极参与到孩子的活动之中。

父母应加入孩子的游戏中，与他一起画画、搭积木或制作手工艺品，这不仅能增进亲子间的共同体验，还能让父母更深入地了解孩子的兴趣和需求。在参与过程中，父母应尽量跟随孩子的步伐和兴趣，而不是由自己主导活动。例如，父母可以说："哇，这个积木搭得真高！让我们一起来试试能不能搭得更高呢！"

此类参与方式不仅让孩子感受到父母的支持，还能发展其创造力和想象力。

（3）分享自己的情感和经历。

在与孩子相处的过程中，父母应勇敢地表达自己的真实情感。当父母感到快乐、悲伤或愤怒时，可以向孩子袒露心声，并解释背后的原因。这种做法不仅能增进亲子之间的情感，还

有助于孩子更有效地认识和管理自己的情绪。同时，父母分享自己的经历和故事，也能让孩子感到父母对他的信任，与父母产生情感共鸣。比如，父母可以说："我和你一般大的时候，也很喜欢玩捉迷藏。有一次我躲藏得特别好，结果大家一直没找到我，我差点就在那里睡着了！"

综上所述，陪伴并不等同于包办、代替或过度干涉，而是在孩子需要的时候给予指导和帮助。通过以上三个方法，父母能够实现轻松有效的陪伴，与孩子建立起深厚的情感纽带，共同缔造美好的回忆。这些回忆将成为孩子成长道路上的宝贵财富，激励他勇往直前。

五、亲子关系需要用心经营和维护

1.你是要追求对错，还是要追求幸福

小明刚上小学的时候，每当遇到难题或者新鲜事儿都会兴冲冲地跑回家，想要与父母分享和交流。然而，父母总是会就事情的对错展开激烈的争论，有时甚至会争得面红耳赤。小明在一旁目睹这一切，内心充满了困惑和不安。他不明白，为什么一件简单的小事会激起如此大的波澜；他不明白，为什么父母总是陷入争论，而不是关心他所经历的事情。渐渐地，小明

变得小心翼翼，不敢轻易向父母提问，生怕再次引起他们的争执。

随着时间的流逝，小明升入了小学的高年级。他逐渐意识到，父母之间的争执并不是为了解决问题，而是为了证明自己观点的正确性。这种认识给他带来了沉重的压力，他觉得自己必须做出让父母满意的正确决定，然而他并不清楚什么才是正确的。这种困惑和无力感让他变得焦虑不安，害怕犯错误，害怕被父母指责。在学校，他也变得愈发沉默寡言，不敢轻易表达自己的观点，生怕被老师或同学指出错误。他开始畏惧自己的不完美，也害怕别人的嘲笑和批评。

进入初中后，小明面对一个全新的环境和更为沉重的学习压力，这让他更加焦虑。他的学习成绩开始下滑，对学习的热情也逐渐减弱。他开始逃避学习，甚至萌生了辍学的念头。他感到自己无法适应这个充满竞争和挑战的世界，内心充满了痛苦和挣扎。他渴望得到父母的理解和援助，但父母似乎总是忙于争论对错，忽视了他内心的感受。

在这个过程中，小明的心理状态经历了从迷茫到焦虑，再到自我怀疑和自卑的转变。他开始封闭自己，不愿意与人交流，甚至对自己的能力也产生了怀疑。他感到自己无法摆脱困境，永远笼罩在迷茫和无助的阴影之下。

在成年人的世界里，我们常常会陷入对与错的争论，却忽略了关系的真正意义。有些人过于坚持自己观点的正确性，以

至于忽视了他人的立场和需求。这种主观、强势和控制的态度，在亲子关系中尤其具有破坏性。

短期内，这种控制方式或许能使孩子顺从，但从长远来看，它只会种下反抗的种子。孩子步入青春期后，自我意识开始觉醒，他不愿再无条件服从。这时，如果父母仍然坚持"我是对的，你必须听我的"这种态度，只会将孩子推得更远。

爱孩子，意味着要站在他的立场上去思考，理解他的需求和感受。适合孩子的才是最佳选择，而不是父母认为正确的。爱孩子，不应单方面以父母的方式为主导，而应是双向的，以孩子的需求为中心。爱孩子，不是简单地按照父母认为正确的方式塑造他，而是要深入孩子的内心，按照他真正需要的方式去养育他。这种爱，不是放任，而是建立在尊重与理解的基础之上。

在亲子关系中，父母应调整自己的态度，学会放下固执和控制。这并不代表父母要放弃引导和教育孩子，而是要以更开放和包容的心态来接纳孩子。父母需要学会倾听孩子的声音，尊重孩子的选择，支持孩子的梦想。当父母能够做到这些时，就会发现亲子关系不是对立的，它是一次共同学习、共同成长的亲子旅程。

孩子的幸福在很大程度上源自尊重和理解。尊重意味着父母承认孩子作为一个独立个体的价值，他的思想、感受和需求都值得被重视。理解则是一种更深层次的情感共鸣，它要求父母设身处地体会孩子的喜怒哀乐，陪伴他成长，为他的成长而感到自豪。

亲子关系需要用心经营和维护。尊重彼此的差异和选择，父母和孩子才能够构建更加包容和开放的关系；珍惜相处的每一刻，亲子关系才会更加深厚。

你的孩子其实不是你的孩子

〔美〕纪伯伦

你的孩子，其实不是你的孩子，

他们是生命对于自身渴望而诞生的孩子。

他们通过你来到这世界，却非因你而来，

他们在你身边，却并不属于你。

你可以给予他们的是你的爱，却不是你的想法，

因为他们有自己的思想。

你可以庇护的是他们的身体，却不是他们的灵魂，

因为他们的灵魂属于明天，属于你做梦也无法到达的明天。

你可以拼尽全力，变得像他们一样，

却不要让他们变得和你一样，

因为生命不会后退，也不在过去停留。

你是弓，儿女是从你那里射出的箭。

弓箭手望着未来之路上的箭靶，

他用尽力气将你拉开，使他的箭射得又快又远。

怀着快乐的心情，在弓箭手的手中弯曲吧，

因为他爱一路飞翔的箭，也爱无比稳定的弓。

"你的孩子，其实不是你的孩子，他们是生命对于自身渴望而诞生的孩子。"这句话提醒我们，孩子并不是父母的附属品或生命的简单延续，而是一个独立的生命个体，他有自己的思想和追求。父母可以向孩子倾注爱意，但不应将自己的思想强加于他；父母可以保护孩子的身体，却无法主宰他的灵魂。

生命是持续前进发展的，不会停留在过去。身为父母，应以乐观的心态迎接孩子的成长和变化，并且鼓励他勇敢地追寻自己的梦想。在这个过程中，父母会体验到无尽的喜悦和成就感，与孩子一同成长、共同进步。

2.学会道歉，是爱的表达

父母作为孩子的首任教育者，其言传身教无疑具有深远的影响。然而，即便是最用心的父母，在教育孩子的过程中也难免会出现失误或犯错。面对这些错误，父母的态度和处理方式往往会对亲子关系产生深远的影响。

当父母在教育孩子时犯了错，若不肯道歉或总是强调对错，亲子关系可能会受到多方面的冲击。

首先，信任构成了所有关系的基石，亲子关系也不例外。如果父母在犯错后拒绝承认或修正错误，孩子可能会认为父母不值得信赖，这将导致信任的瓦解。

其次，沟通对亲子关系至关重要。父母在犯错后不主动道歉或总是强调对错，会让亲子之间的沟通变得障碍重重，孩子可能不再愿意与父母分享内心的想法或寻求他们的帮助，这将直接导致亲子关系疏离。孩子可能会感到被误解、不被重视，进而与父母之间的情感纽带变得越来越薄弱。

再次，更为严重的影响是，孩子的模仿能力极强，如果父母在犯错后不主动道歉，孩子可能会认为犯错不用道歉，这可能导致他在处理人际关系时也不愿意为自己的错误承担责任。父母的这种错误示范，无疑会对孩子的成长带来负面影响。

最后，父母的错误还可能降低孩子的自我价值感。孩子可能会因为父母的指责而感到自责，认为自己不够优秀，这种负面情绪会对孩子的心理健康产生不利的影响。

一次道歉，亲子关系的重生

张先生与儿子小明的生活曾如平静的湖水，日复一日，波澜不惊。然而，一场突如其来的误解，如同一块巨石投入湖中，打破了这份宁静。

某个晚上，张先生工作到很晚才回家，疲惫的身体和沉重的心情让他看到小明还在做作业时，不由得怒火中烧。他不问缘由，便严厉地批评了小明未按时完成作业。但事后他才知道，小明之所以未能按时完成作业，是因为他在帮助母亲做家务。

小明默默地承受了父亲的误解和责备，心中充满了委屈和无奈。而张先生在得知真相后，也陷入了深深的自责和悔恨之中。他意识到自己的冲动行为，可能会给小明造成无法弥补的伤害。

几天过去了，张先生与小明之间的关系变得异常紧张。他

深知必须采取措施来修复与儿子的关系，却不知从何开始。就在这时，他回想起之前参加过的一堂家庭教育课，讲师曾强调犯错后学会道歉的重要性。于是，张先生决定向小明道歉。

一个阳光明媚的周末下午，张先生带着小明来到公园。他们走在林荫小道上，阳光透过树叶的缝隙洒在他们的身上，空气中弥漫着清新的草木香气。张先生深吸了一口气，鼓足勇气开口："小明，对不起。那天晚上爸爸错怪了你，我知道你感到很委屈，爸爸向你道歉，希望你能原谅我。"

小明听着父亲的话，眼中闪过一丝惊讶和释然。他感受到了父亲的真诚和悔意，心中的疙瘩也随之消散。他点点头，表示接受了父亲的道歉。

张先生接着说道："爸爸以后一定会先了解情况再发表意见，不会再让你受到这样的委屈。我们可以一起努力，把家里的事情做得更好。"他还说，通过这次事件，他深刻认识到沟通的重要性，以及珍惜彼此、相互理解和包容的必要性。

小明听完父亲的话，脸上露出了久违的笑容。他拉着父亲的手，两人一起在公园里漫步，享受着难得的亲子时光。他们聊起了各自的生活和兴趣爱好，父子间又恢复到曾经的亲密关系。

这次的道歉不仅让张先生与小明重归于好，更让两人之间的关系得到了升华。

那么，父母如何表达歉意，才能让孩子感受到真诚并促进亲子关系呢？

首先，承认错误至关重要。父母必须清晰地认识到自己的过失，并承认这些过失对孩子产生了影响。这种坦诚的态度是道歉的基础。

其次，用真诚的语言向孩子表达歉意，让孩子感受到父母的悔意和对他的尊重。同时，父母应解释自己犯错的原因，这有助于孩子理解父母的立场和动机，从而更容易接受道歉。

再次，除了通过语言道歉外，父母还可以通过实际行动来弥补过错，这不仅能让孩子感受到父母的关爱和重视，还能增进亲子之间的情感。

最后，父母应承诺尽力避免再犯同样的错误，并请孩子监督，这是道歉过程中必不可缺的一环，不仅是对自己的约束和提醒，也是尊重和信任孩子的体现。

道歉在亲子关系中起着重要的作用。当父母犯错时，勇于承认错误并真诚道歉，不仅能修补亲子关系间的裂痕，还能为孩子树立处理冲突和修复关系的榜样。在这个过程中，父母需要学会放下身段倾听孩子的声音，理解他的感受，并通过实际行动来表达自己的懊悔和改正的决心。

道歉是一种坦诚面对自己错误的勇气，它表明父母能够正视自己的不足，愿意承认错误，并寻求改进。这种坦诚和勇气不仅不会削弱父母的威信，反而会让孩子更加尊敬他们。

此外，道歉也是一种爱的传递。父母向孩子道歉时，潜台

词是在表达"我爱你,我珍视我们的关系,并愿意为了维护我们之间的关系而努力",这比任何话语都更加打动人心,因为它体现了父母的真诚和善意。

因此,父母要学会放下顾虑,勇敢地承认自己的错误并道歉。在这个世界上,真正的强者不是从不犯错的人,而是敢于正视错误、勇于道歉并努力改正的人。

练习：如何开展一场有趣的家庭会议

A. 会前准备

明确主题：确定会议要讨论的主要内容，例如家务分配、旅行计划、家庭规则等。

准备材料：准备记录用的纸笔，以及可能需要的娱乐道具（比如，绘画活动所需的画纸和画笔）。

B. 会议开场

简要介绍：主持人简明扼要地介绍会议的目的、流程和预期达成的成果。

破冰环节：通过开展一个简单的小游戏，以活跃现场气氛。

C. 正式会议

逐项讨论：按照既定的主题展开讨论，鼓励每位家庭成员积极发言，表达自己的观点。

解决问题：针对讨论过程中提出的问题，集思广益，共同寻找解决方案。

D. 总结与反馈

会议总结：主持人对会议内容进行梳理，概括讨论的要点和达成的共识。

收集反馈：征询家庭成员对会议的感受和建议，以期不断优化会议流程。

以下提供一些建议，可以让家庭会议变得更加生动有趣。

a.明确会议议题。

在会议开始前，列出需要讨论的议题清单，这有助于维持会议的焦点，并确保每位家庭成员都有机会发言。

b.营造轻松的氛围。

通过幽默的语言，或者玩一些小游戏来启动会议，有助于缓解紧张的气氛。比如，可以轮流让每位家庭成员分享一个笑话或者讲述一件有趣的事情。

c.鼓励表达。

为每位家庭成员提供一个"发言棒"或者其他象征性物品，只有举起"发言棒"的人才能发言。这样可以确保每个人都有机会被看到、被听到，避免了被打断的情况。

d.倾听和尊重。

强调倾听在会议中的重要性。家庭成员在发言时，其他成员应认真聆听，避免打断或嘲笑。父母通过这种方式，可以教导孩子即使不同意他人的观点，也要尊重他人的发言权。

e.利用可视化辅助工具。

对于孩子来说，使用图表、图片或绘画来表达想法可能会更加容易。准备一些纸和笔，让孩子在讨论的同时能够画出他的想法。

f.投票选择。

如果有多个解决方案，可以通过投票来选出最佳方案。这不仅让孩子感受到自己的意见被重视，而且还能让他为家庭贡献一份力量。

g.总结与跟进。

在会议的尾声，总结讨论的关键点和达成的决定。明确分配任务的负责人，并设定一个后续检查的时间点，以确保任务能够得到妥善执行。

h.奖励与认可。

会议结束后，对积极参与、提出建设性意见或表现出尊重他人行为的家庭成员给予奖励或认可。这可以是一份小零食、一个温暖的拥抱或是一句赞扬的话语。

通过举办家庭会议，孩子不仅可以学习如何尊重他人、

表达自己的观点，还能锻炼解决问题的能力。此外，这也是一个增进家庭成员相互理解和沟通的好机会。根据家庭成员的实际情况和喜好，选择合适的游戏活动和讨论主题，确保每个人都能积极地参与并享受整个过程。

| Chapter 2 |

采用轻松的沟通方式，每句话都用心表达

一、父母会说话，孩子更懂事

1.应当协商，避免命令，更不应攻击

研究表明，从幼儿期开始，孩子就有强烈的自主意识和自尊心，他们渴望被尊重，期望被平等对待。当父母用协商的方式与孩子交流时，实际上是在传递一种平等和尊重的态度，这种态度有助于孩子建立正确的自我认知。父母用平等、尊重的方式与孩子沟通，孩子在未来的人际互动中才可能采用类似的行为，从而建立良好的社会关系。

家庭作为社会结构中最基础且最重要的单位，对个体的成长和性格塑造具有决定性的影响。家庭内的沟通，尤其是父母与子女之间的沟通，是家庭教育成功与否的关键因素。我们不禁会思考：哪种沟通方式才是最有效的？在探索有效沟通的途径之前，首要任务是识别并规避无效的沟通模式，尤其是那些可能妨碍理解与亲近的命令，为营造一个自由和开放的沟通环境打下良好的基础。

在亲子养育中，一个常见的误区是将命令视为让孩子听话的快捷方式。然而，这种方式往往会引起孩子的反感和叛逆，甚至可能损害和谐的亲子关系。命令式语气虽然被父母视为一种让孩子快速、直接服从的手段，但实际上，这种方式可能会抑制孩子的自由发展，破坏亲子间的关系。命令式教育往往让孩子感觉自己是被指挥、被控制的对象。

首先，命令式教育剥夺了孩子的选择权。父母频繁地以命令的方式要求孩子做事，孩子可能会感到自己的自主性和选择权被剥夺，他必须无条件服从父母的意愿。

其次，命令式教育容易引起孩子的反感。随着孩子逐渐长大并形成独立的思想和观点，他可能会对父母的命令产生抵触情绪。这种反感有可能导致孩子与父母之间产生对立和冲突，破坏了原本亲密无间的亲子关系。

再次，命令式教育限制了孩子的思考能力。当父母总是以命令的方式要求孩子做事时，孩子可能会习惯于遵循指令而不去思考为什么要这么做。这种方式会扼杀孩子思考与解决问题的能力，使孩子变得机械、呆板。在未来的生活和工作中，缺乏思考能力的孩子可能会面临更多的挑战和困难。

最后，命令式教育可能会严重妨碍亲子之间的沟通。若父母总是以命令的语气与孩子交流，孩子可能会觉得自己无法与父母分享真实的想法和感受，这可能导致亲子关系逐渐疏远。面临问题时，孩子可能会选择隐瞒或逃避，而不是寻求父母的帮助和支持。

每位父母都希望自己的话语能够成为指引孩子前行的"明灯"。然而，当命令的方式未能达到预期效果时，许多父母可能会陷入情绪失控，进而使用攻击性语言。不幸的是，这种攻击

性语言往往成为一把隐形的利刃，不仅解决不了问题，反而可能在孩子脆弱的心灵上留下难以愈合的创伤。

（案例一）

小明是一个 11 岁的男孩。一个周六的早晨，家里正在进行一场大扫除，妈妈给他安排一项任务——收拾自己的房间。小明在床上应允道："好的。好的。" 1 个小时后，妈妈收拾完厨房后走进小明的房间，发现他仍旧躺在床上。妈妈生气地质问："你怎么还没起床？"小明不耐烦地回答："烦不烦呀？周末我想多睡一会儿。"妈妈的怒火瞬间被点燃，她责备小明："你总是这么懒惰，将来能有什么出息？连这么简单的小事都做不好，以后还能指望你做什么？"小明大声反驳："你总是这样批评我，我想多睡一会儿有什么错？我就是不想收拾，我就要睡觉！"妈妈无奈地说："那你睡吧，我不管你了。"

类似这样不愉快的对话，在小明和妈妈之间屡见不鲜。随着时间的流逝，小明在妈妈面前变得越来越沉默，不再愿意分享自己的感受，甚至开始回避与妈妈的交流。

攻击性的语言对孩子的情感伤害是深刻的。在孩子的世界观尚未完全形成之前，父母的话语往往被视为金科玉律。当父母的话语带有攻击性时，孩子会感受到强烈的否定和心理伤害。

（案例二）

小莉因考试成绩不佳，忐忑地回到家中，将成绩单递给父亲。父亲看了一眼分数，脸色瞬间变得阴沉，严厉地批评道："你怎么考得这么差？我平时怎么教你的？真是太让我失望了！""这样的成绩，你怎么面对老师？真是个废物！"他的话语冷酷而尖锐，句句刺痛小莉的心。小莉心中无比痛苦，她渴望得到理解与支持，却常常只能得到冰冷的指责，她觉得自己一无是处。渐渐地，她开始在学业上自暴自弃，甚至出现了逃课和欺骗父母的行为。

自尊心是每个人内在的宝贵财富。对于孩子来说，父母的认可和评价是他自我价值感的重要来源。攻击性语言不仅会摧毁孩子的自信，更会让他陷入自我否定的深渊，认为自己不值得被爱，从而导致行为上的偏差。

(案例三)

小刚，一个13岁的少年，不会沟通、不懂沟通的他在学校常常因为一点小事与同学产生争执，甚至升级为肢体冲突。因此，学校不得不通知小刚的父亲，要求他将小刚带回家。父亲非常生气，对小刚的行为深感失望，一路上不间断地训诫和批评他："你去学校是为了学习，而不是与人发生冲突的。如果你继续这样，还怎么继续读书？再有下次，别指望我再去学校接你！"小刚沉默不语，低头跟在父亲身后。

晚餐时，父亲向小刚的母亲提及此事，言语间透露出深深的无奈："我已经告诉小刚了，别人家的孩子怎么就不像他这样频繁在学校惹事。他为什么就不能安分一点？"这时，小刚的情

绪终于爆发，他突然放下手中的碗筷，声音中带着委屈与不满："说够了没有？已经唠叨了一整天！他们欺负我，你们怎么不去责备他们？难道别人欺负我，我就应该忍气吞声吗？你们根本不理解我！"说完，小刚愤怒地摔门进入自己的房间，留下父母面面相觑，无言以对。

由于长期受到父亲严厉的斥责，小刚的性格逐渐变得叛逆和具有攻击性。在家里，他无法和父亲好好说话，与父亲的关系紧张到了极点。

对于孩子来说，沟通是一项至关重要的技能。它不仅是信息交流的手段，更是建立人际关系、解决冲突和表达情感的重要途径。

长期处于负面评价中的孩子，可能会对自己的能力和价值产生深刻的怀疑。这种自我怀疑会渗透到生活的各个领域，不仅会影响孩子的心理健康，还可能引发行为问题。为了逃避或对抗父母的批评，孩子可能会变得叛逆、爱撒谎，甚至攻击他人。这些行为问题会进一步加剧亲子关系的紧张，最后形成恶性循环。

很多父母在与孩子沟通时，像是用审问的方式，如同警官审讯一般严厉，结果常常是孩子什么都不敢说了。这种沟通方式并非真正的交流，采用协商的方式和尊重的态度，更容易被孩子接受。

不是每一个问题都要给出回应，也不是每个困难都要给出建议。沟通的精髓在于理解对方的感受，父母有时候只需要倾听。

2.如何用积极的语言和态度与孩子沟通

作为父母，应该学会用平和、尊重和理解的交流方式与孩子沟通。当察觉到孩子的问题时，不妨先尝试倾听他的想法和感受，了解他的内心世界，然后再用积极、鼓励的话语引导他。

亲子沟通是在心与心之间架起一座桥梁，让爱在彼此之间自由流淌。作为父母，需要用爱和理解来滋养孩子，让他得到尊重和鼓励，这样才能真正走进孩子的内心，与他建立起深厚而持久的情感。

（场景一）

父母："你今天在学校都做了些什么？"

孩子："没什么特别的，就是上课和写作业。"

父母："没别的了吗？有没有和同学聊天或者玩游戏？"

孩子："嗯……就跟几个同学聊了会儿天。"

父母："都聊了些什么？有没有影响到上课学习？"

孩子犹豫了一下："没……没什么重要的。"

父母："真的没什么吗？你确定没有对我隐瞒吗？"

孩子开始感到有些不安："真的没有，妈妈。"

（场景二）

父母："小明，今天放学后你是和谁一起回家的？"

小明略显迟疑："和几个同学一起。"

父母："几个同学？都有谁？"

小明开始感到紧张："就是小李、小张他们几个。"

父母："哦？没有其他人了吗？"

小明声音变小："没有了。"

父母："你确定？我可是会打电话去核实的。"

小明感受到压力："嗯，其实还有小王。"

父母："小王？他是什么人？你们是怎么认识的？"

小明越来越不安："他是学校的一个朋友，我们一起打篮球时认识的。"

父母："那你为什么一开始不说实话？为什么要隐瞒？"

小明沉默不语。

从上述场景对话中可以看出，父母采取的沟通方式并不利于建立和维护良好的亲子关系。

第一，过度追问与关注细节。

父母追问孩子在学校的活动和放学后的同伴，这种对细节的过度关注可能会让孩子感到不被信任，从而产生抵触情绪。

第二，缺乏信任与尊重。

父母在对话过程中多次暗示孩子可能有所隐瞒，并表示会采取进一步行动（例如打电话询问）来核实信息。这种做法让孩子感到不被信任，损害了亲子间的信任。此外，父母也没有为孩子保留一些私人空间或认可孩子有权保留某些隐私。

第三，沟通氛围紧张。

父母的不断追问和施压，使对话氛围变得紧张而压抑。在这种环境下，孩子更容易不安和焦虑，进一步降低了与父母坦诚交流的意愿。

第四，缺乏倾听与理解。

在沟通过程中，父母更多的是采用提出问题和质疑的方式，而没有真正倾听孩子的感受和想法。当孩子表示"没什么"或"真的没有"时，父母并未尝试理解孩子可能存在的顾虑或不愿多说的原因，而是持续追问。

父母常常抱怨孩子不愿意交流，其实并非孩子真的不愿意，而是父母在沟通时无意识地让对话难以继续。可能是他们过于急切地追问细节，而忽略了给孩子足够的表达空间；可能是他们用成人的标准来评判孩子，忘记了站在孩子的视角去理解事情；又或者是他们对孩子的话语表现出不耐烦或轻视，无意中关闭了孩子的心扉。

孩子无处诉说，是因为缺少一个安全、被接纳的倾听环境；孩子无路诉说，是因为父母没有为他铺设一条畅所欲言的表达之路；孩子不愿诉说，可能是因为过往的经历教会他沉默是最佳的自我保护方式。

父母应该保持开放的心态，避免急于纠正或否定。

那么，如何与孩子进行有效交流呢？在此给广大父母提供几个实用的建议：倾听孩子的想法和感受；以平等的态度与孩子讨论问题；鼓励孩子表达不同意见；尊重孩子的选择和决定。

（沟通示范一）

父母："你今天在学校过得怎么样？"

孩子："还不错，有一节课特别有趣。"

父母："哦？是哪一节课？为什么觉得有趣？"

孩子："是历史课，老师讲了一个很有趣的故事。"

父母："听起来真不错！再详细说说看，你最喜欢故事的哪一个部分？"

孩子："我特别喜欢完璧归赵的故事。"

（沟通示范二）

父母："宝贝，周末有什么想做的事情吗？有没有特别想去的地方？"

孩子："我想去动物园看大熊猫。"

父母："听起来很有趣！除了去动物园，你还对其他活动感兴趣吗？"

孩子："其实，手工艺工作坊也挺有意思的，但我更想去动物园。"

父母："那我们周六去动物园，周日去工作坊怎么样？这样既能看动物，又能学习新技能。"

孩子："我可以决定先进行哪项活动吗？"

父母："当然可以，你的意见很重要。你想先去哪个？"

孩子："我想先去动物园吧。"

父母："好的，就这么决定了。这个周末一定会充满乐趣！"

与孩子进行这样的对话，既轻松又自然，能够鼓励孩子表达自己的想法和感受，从而顺畅地进行亲子沟通。

父母与孩子交流，不仅仅是简单的言语交流，更是情感的传递、价值观的塑造和人生智慧的分享。要想与孩子进行有效的沟通，使用温暖的语言和积极的态度是至关重要的。

（1）用温暖的语言打开孩子的心扉。

在和孩子交流时，父母应使用充满温暖和爱意的语言。比如，当孩子遇到困难时，父母可以说："宝贝，我知道你现在很难过，但请相信，无论发生什么，爸爸妈妈都会在你的身边支持你。"这样的言语能让孩子感受到家庭的温暖，从而更容易向父母敞开心扉。

（2）尊重孩子的独立人格。

在与孩子沟通时，父母应尊重他的意见和选择，避免使用："你怎么这么不懂事？应该听爸爸妈妈的。"而应该表达为："我们非常尊重你的想法，但或许这样做会有更好的结果，你觉得呢？"

（3）以身作则，成为孩子的榜样。

在中华文化中，身教胜于言传。如果希望孩子诚实守信，父母首先应言行一致。例如，承诺孩子的事情一定要按时兑现。这样，孩子才能在耳濡目染中养成正确的价值观。

（4）耐心倾听并理解需求。

当孩子与父母分享他的想法和感受时，父母应耐心倾听，并试图理解孩子的真实需求。避免对孩子说："小孩子懂什么，别胡思乱想。"而是应该鼓励孩子："我很愿意听你的想法，你觉得应该怎么做呢？"这样的回应方式能够让孩子感受到被重视和被理解。

（5）鼓励孩子表达情感。

父母应该鼓励孩子表达自己的情感，无论是喜悦、愤怒、悲伤还是快乐。当孩子哭泣时，父母可以安慰道："宝贝，哭出来会舒服一点，爸爸妈妈会陪着你。"这样的言语能让孩子明白，释放情绪是被允许的。

（6）用鼓励的话语激励孩子。

当孩子取得成就时，父母可以说："你又突破了原来的自己，爸爸妈妈为你感到骄傲。"面对困难时，父母可以鼓励说："加油！相信自己，需要帮助的时候，爸爸妈妈一直都在，我们一起陪伴你克服这个困难。"这样的鼓励能够激发孩子的自信心和积极性。

走进孩子的内心世界，才能建立亲密的亲子关系。父母要鼓励孩子坦诚面对自己的情感与需求，勇敢表达内心的真实想法。只有充满信任与理解的沟通，才能铸就亲子间最坚实、最深厚的情感，让家庭成为彼此生命中最温暖的港湾。

二、父母越是讲道理，孩子可能越叛逆

1.爱唠叨的父母，不听话的孩子

在家庭中，唠叨是出于关爱还是控制？唠叨，通常源自父母对孩子的关爱与担忧。

父母总是希望孩子在成长的道路上能够少走弯路，因此不断地提供提醒和建议。但是唠叨很容易激起孩子的逆反心理，认为父母不信任自己，从而产生抵触情绪。

当父母在孩子面前反复唠叨，不断重复自己的观点时，很容易让孩子产生反感。这种反感可能导致孩子对父母的教导产生抵触情绪，觉得自己被低估。

在父母持续的唠叨中，孩子可能逐渐产生自卑感，认为自己一无是处。父母的压制和束缚，会阻碍孩子追求自由和独立。当自由和独立的愿望得不到满足时，孩子可能会以叛逆的方式来表达自己的不满和抗拒。

（小明的无声反抗）

小明，一名14岁的初中生，性格内向，成绩处于中游水平。父母对他寄予厚望，经常在他面前强调学业的重要性，督促他努力学习，一定要考上重点高中，将来才能有出息。每天小明放学回到家，父亲总是第一时间询问他的学习情况，对每次考试成绩都格外关注，一旦成绩有所下滑，便会严厉地批评。

小明起初还会耐心听取父亲的教诲，尝试按照父亲的指示去做。然而，随着时间的流逝，他发现无论自己如何努力，似乎都无法达到父亲的期望，父亲总是在他耳边唠叨。这让他感到压力巨大，他觉得自己的努力从未被认可。每当父亲提及学习的话题，小明内心就涌出抵触和厌烦的情绪。

渐渐地，小明开始用自己的方式表达不满。他减少了与父母的沟通，尤其是关于学习的话题，转而选择以沉默应对。即便是父母主动询问，他也只是简单回答"还好"或"知道了"，不再进行深入交流。与此同时，小明的学习积极性也明显降低，成绩开始出现滑坡。

小明的这种无声反抗实际上是对父母过度干预的抗议，他试图通过这种方式表达自己的不满和无奈。这种反抗行为无形中使亲子关系变得紧张。

小明的父亲，同许多望子成龙的父母一样，将期望转化为压力，总是频繁地询问和严格地批评。每当成绩单上的分数略有下滑，便是一场"家庭风雨"。这种高压环境让小明感到窒息，尽管他努力尝试交流，但始终不见成效。与父母的交流内容，似乎只剩下成绩的高低。

小明的兴趣、梦想，甚至是日常的快乐，都被忽视了。这种单向的沟通方式，像是一堵无形的墙，隔绝了小明真实的表达，让他觉得自己的声音无法被听见。

在无数次的说教与批评中，小明感受到的只有父母对成绩的过分关注，而非对他个人的关爱与理解。最终，小明选择了沉默，用这种方式逃避让他感到痛苦和无助的对话。

小明渴望获得父母的认可与赞赏。他不断挑战自我，力求在学业上取得进步，但似乎总难以达到父母的期望值。他开始怀疑自己，认为无论付出多少努力，都会被父母贬低。这种负面的自我认知，如同一张无形的网，紧紧束缚住他，让他丧失了信心与勇气，使他在前行的路上步履艰难。

面对无法承受的压力和持续的挫败，小明选择了最沉默的反抗方式——逃避。他减少了与父母的沟通，特别是关于学习的话题，以此作为一种自我保护，也是对父母教育方式的一种无声抗议。

父母希望孩子通过努力学习，走上他们认为正确的道路。然而，他们往往忽视了最重要的一环——孩子的内心感受与情感需求。单方面的"为你好"教育方式，正逐渐削弱孩子的自信心与学习动力，让本应充满爱与支持的成长环境变得冷漠和压抑。

孩子常常通过"不听话"的行为来发出信号，不断提醒父母：真正的教育远不止于成绩，它更在于心灵的滋养与情感的深度沟通。父母要学习倾听孩子内心真实的声音，理解他的现状与需求，与他并肩同行，在相互理解与支持中共同成长。

（莉莉的漫展之旅）

莉莉是一名16岁的高中生，性格开朗，热爱生活，喜欢动漫。她热衷于收集漫画书、追看动画片，梦想着有一天能亲自参与到动漫的创作中。然而，莉莉的父母对此持有截然不同的看法，他们认为动漫只是一种娱乐方式，不能成为未来的职业选择，坚持要求莉莉将所有精力放在学业上。每当莉莉提及想要参加动漫展览或相关活动时，母亲总是以质疑的口吻回应："那有什么用，能帮助你提高成绩吗？"

莉莉曾多次尝试与父母沟通自己对动漫的热爱，但每次都遭到反对和压制。得知暑假将在自己所在城市的另一端举办一场大型动漫展览，她希望能够参与其中。当莉莉向父母提出这一请求时，不出所料地遭到了拒绝。

面对父母的反对，莉莉没有放弃。她开始秘密策划一场漫展之旅，计划利用暑假的时间，用自己积攒的零花钱去参加这场动漫展览。

可是，父母发现了她的计划，对此表示了强烈的反对和不满。他们认为这是浪费时间，坚持要求莉莉利用假期补习功课，为开学考试做准备。

莉莉感到前所未有的绝望，对父母的安排越来越不满，内心的情绪累积得越来越多。她大声地与父母争吵，发泄自己长久以来的压抑和委屈，诉说对动漫的热爱和追求。争吵之后，莉莉开始在家沉默不语，躲进自己的房间里，家庭氛围因此陷入沉默和紧张之中。

动漫成了父母和莉莉之间矛盾的焦点。莉莉热爱动漫，视其为一种放松身心的方式，同时也是未来职业的一种选择。然而，父母的想法不一样，他们认为动漫只是玩玩而已，依靠它来谋生是不靠谱的。观念上的分歧导致了父母与莉莉的每次交谈都不欢而散。

莉莉曾多次向父母表达自己对动漫的热爱，但换来的往往是冷漠的拒绝与严厉的压制。这种缺乏沟通与尊重的交流方式，让莉莉感到自己的声音被忽视，仿佛被一道厚重的墙壁隔绝。莉莉内心深处渴望得到认同与理解，她希望父母能够成为她追逐梦想路上的支持者，而非前行的阻碍。

然而，现实是父母总对她唠叨动漫毫无用处。莉莉情绪的爆发，既是长期积压情绪的释放，也是对现状的反抗。莉莉的反抗，不仅是对父母控制欲的回应，更是对自主选择权的捍卫。

父母的出发点是对孩子未来的关心。在他们看来，专注于学科学习，遵循传统的发展道路，可以让莉莉未来拥有较稳定的生活。

然而，父母未能充分考虑到孩子的个体差异和独立性。父

母需要认识到，每个孩子都有自己的兴趣和天赋，成长的轨迹也不会完全一致。真正的关爱不仅仅是提供物质上的支持，更体现在心灵的沟通与理解，以及对孩子梦想的尊重与支持。

如何与孩子建立有效沟通，从而摆脱"越讲道理，越可能叛逆"的困境呢？

父母必须认识到沟通是双向的，需要双方共同努力。

倾听是沟通的关键，当孩子愿意表达自己的想法时，父母应耐心倾听，避免打断、指责或贬低。通过倾听，父母能更深入地理解孩子的需求和感受，从而作出更恰当的回应。

理解是沟通的桥梁，父母应尝试站在孩子的立场，设身处地地思考问题，理解他的行为和情绪背后的原因。当孩子感到被理解时，会更愿意与父母建立信任和亲密关系。

接下来，我将与父母分享五个实用的建议。

（1）倾听与理解。

作为父母，首先要学会倾听孩子的想法和感受，理解他的心理需求。当孩子感受到被理解和尊重时，他会更愿意与父母真诚的沟通。

（2）适度引导。

在允许孩子自由探索的同时，父母也应适时地提供引导和帮助。通过提出合理的建议和恰当的指导，帮助孩子树立正确的价值观和人生观。

（3）建立信任。

信任是家庭教育的根基。父母通过自身言行一致和诚实守信赢得孩子的信任，当孩子信任父母时，他会更容易接受父母的教诲和引导。

（4）激发兴趣。

父母可以尝试采用更有趣的方式与孩子沟通，比如通过讲故事、做游戏等，激发孩子的兴趣，让他在轻松愉快的环境中学习和成长。

（5）尊重个性。

每个孩子都是独特的个体，父母应当尊重孩子的个性差异，鼓励他按照自己的节奏和意愿去做。这不仅能提升孩子的自信心，也能降低他的逆反心理。

2.养育孩子需要共情力

沟通是父母与孩子之间的桥梁，是传达理解、支持与关爱的工具。轻松的沟通方式能够有效化解家庭中的矛盾，促进亲子之间的情感交流，让家庭成为孩子成长的温暖港湾。

父母以平和的言语、真诚的倾听和适当的鼓励，与孩子构建深厚的信任与默契，共同面对成长道路上的每一个挑战。

孩子："妈妈，今天在学校有同学欺负我，我感到好难过。"

妈妈："你是不是不小心又去招惹别人了？我和你说过多次，要和同学和睦相处，不要总是惹是生非。这次又是因为什

在这个案例里，母亲的反应可能会让孩子感到更加委屈和不被理解。首先质疑了孩子，没有倾听他的诉求和了解事情的真相，随后又给孩子贴上了"惹是生非"的标签。这会让孩子认为自己在父母眼里是一个问题孩子，以后更加不愿意与父母进行沟通。

当孩子向父母倾诉在学校遭受同学欺凌时，正确的应对方式如下。

（1）倾听与理解。

父母应静下心来，认真倾听孩子的遭遇，避免打断或急于给出建议。

用富有同理心的话语回应，比如："感觉你真的很害怕，能告诉我具体发生了什么吗?"

（2）给予安慰。

告诉孩子，遭受欺凌不是你的错，你不需要为此感到自责。

通过拥抱或抚摸孩子，用肢体语言传达父母的关爱，并强调父母始终站在孩子身边，共同面对和解决问题。

（3）避免指责与质疑。

不要质疑孩子是否招惹了别人，或是责备孩子不够坚强。

避免给孩子贴上标签，以免加深孩子的自责和不安。

（4）探讨解决方案。

与孩子一同讨论如何应对欺凌行为，比如告诉老师、寻求同学或父母的帮助。

鼓励孩子表达自己的感受和需求，教会他如何设立界限和保护自己。

（5）提升孩子的自信与社交能力。

帮助孩子树立自信，让孩子认识到自己的优点，明白自己值得被他人尊重和爱护。

通过角色扮演或故事讲述等互动方式，教育孩子如何与人相处，以及如何处理人际交往中的冲突。

（6）持续关注与跟进。

定期询问孩子在学校的情况，细心观察他的情绪和行为变化。

若发现孩子持续遭受欺凌，父母应立即与学校沟通，并寻求专业的帮助和支持。

（7）建立和睦的亲子关系。

通过日常的亲子互动活动，增进与孩子的情感联系。

鼓励孩子分享自己的经历和感受，让孩子感受到父母的关心与理解。

当孩子遭受欺凌时，父母应耐心倾听并理解孩子的感受，避免指责和质疑，与孩子共同寻找解决方案，并持续关注孩子的情绪和行为变化。

当孩子遇到困难时，比如孩子在学校遇到了挫折或考试成绩不理想，父母应尝试站在孩子的角度，体会他的失落和焦虑。给予孩子鼓励和支持，帮助他重新找回自信。

当孩子犯错时，父母用共情力理解孩子的内疚和恐慌，而不仅是责备或惩罚。父母可以引导孩子认识错误，并一起探讨补救措施以及如何避免类似事件的发生。

当孩子情绪失控时，父母应怎么应对呢？首先，父母需展现共情，理解孩子的诉求和委屈，并以接纳的态度来应对。共情是指能够理解并感受他人的情感与需求，能够从他人的视角出发，设身处地地体验他人的内心世界。在沟通过程中，共情是一种关键的技巧，它有助于建立信任、增进理解并强化互动。

接下来，让我们学习共情沟通的几个关键步骤。

用心倾听：认真倾听孩子的话语，避免打断，不要急于下结论，尝试理解孩子的立场和感受。

表达同理心：用简洁明了的方式表达你对孩子情绪的理解，比如说："我明白你现在感到很沮丧。"

提问并确认理解：通过提问确保你正确理解孩子的意图，比如说："你是这个意思吗？"

避免评判：保持开放态度，不评判孩子的情绪或行为。

分享个人经历：在适当的时候，分享自己类似的经历，向孩子表明你能够感同身受。

提供支持：在充分共情的基础上，提供适当的支持和帮助。

小明是一个 10 岁的孩子，最近在学校的数学测试中成绩不理想，感到非常沮丧和自责。父亲李先生注意到了小明的情绪变化，以下是他们的对话。

（用心倾听）

李先生看到小明闷闷不乐："小明，我感觉你今天好像不太开心，发生了什么事吗？"

小明倾诉："爸爸，我数学考试没考好，我觉得自己很笨。"

李先生认真倾听："这一定让你感到很难过。"

（表示理解）

李先生："我理解你现在的沮丧心情，成绩没有达到预期确实会让人感到失望。"

（询问确认）

李先生："你是因为这次考试成绩而感到难过吗？还有其他让你担心的事情吗？"

小明："是的，我怕你会对我失望。"

（避免评判）

李先生："我绝不会因为你的成绩不佳而对你失望，每个人都会经历挫折。"

（分享经历）

李先生："你知道吗？爸爸小时候也有过类似的经历，有一次数学考试我也没考好，那时候我也很难过。"

（提供支持）

李先生："但是后来我明白了，失败是成功之母。我们可以一起分析哪里出了问题，找出提升的方法。你觉得怎么样？"

小明感受到被父亲理解，他的情绪得到了缓解，也更愿意向父亲敞开心扉，诉说内心的担忧。通过这次共情沟通，李先生不仅帮助小明处理了负面情绪，还加深了父子之间的信任和亲密关系。

"我理解你的感受，我会一直支持你。"这句话传达的是，无论孩子遇到何种困难，父母都能感同身受，并且愿意成为孩子的坚强后盾。

"我知道你现在很难过，但我会一直陪伴在你身边。"这句话表达了无条件的爱和陪伴，让孩子在面对困难时不会感到孤单。

"你的感受很重要，我愿意倾听并尊重你的选择。"这句话体现了父母尊重孩子的情感和决定，表达了愿意倾听孩子的想法，增强了孩子的自信心。

"每个人都会遇到困难，但请记住，你并不孤单，我会和你一同面对。"这句话提醒孩子，尽管困难是生活的一部分，但有了家人和朋友的支持，他可以勇敢地应对。

"我理解你的困惑，让我们一同寻找解决问题的方法。"这句话鼓励父母与孩子共同协作，一起寻找解决问题的方法。

这些话语不仅适用于亲子关系，同样还适用于朋友、同事之间，通过这些话语向他人传达我们的关心和提供帮助的意愿。

三、父母应减少无效的说教，多倾听，让孩子多表达

父母的话语里，或许隐藏着孩子的成长轨迹。面对孩子成绩不佳、学习习惯不良、考试失利，父母常会以说教的方式，劝诫孩子要好好学习。然而，大部分孩子面临的问题，往往根源于父母与孩子的沟通方式。

我曾与一位朋友聊天，她抱怨道，现在抚养一个孩子真的不容易。身边的父母都很拼，周末带着孩子参加各种补习班，生怕自己的孩子落后于他人。他们频繁地与孩子沟通，刚开始孩子还能耐心听，但久而久之，孩子开始显得很不耐烦。

我："你是如何与孩子沟通的？"

朋友："基本上是这样，我告诉女儿，你现在学习成绩不理想，将来可能考不上一所好高中，进而影响到考一所好大学，这可能会导致工作都找不到。想想就愁，你能不能更加努力一点，毕竟我们也不能永远照顾你。"

　　我："你的孩子现在才小学二年级，距离初中还有四年时间，是不是过于着急了些？"

　　朋友："能不着急吗？一旦落后，就会步步落后，我不想让孩子在人生的起跑线上落后于人。"

　　人们常说，不希望孩子在人生的起跑线上落后，可起跑线到底是什么呢？

　　如果起跑线代表的是父母的焦虑、控制、担忧，那么孩子如何能够自由奔跑呢？如果一定要为起跑线下一个定义的话，它应该是父母的认知水平、教育水平、沟通技巧，以及父母的从容的态度、平和的言语，还包括爱与陪伴。

1.吼叫、责骂、甚至动手，只会造成更多问题

　　父母总是希望孩子学业优秀、习惯良好，对孩子抱有诸多期待。然而，父母采用的方法往往与"希望他好"的初衷背道而驰，常表现为对孩子的指责和否定。

　　一位母亲焦急地向我求助，她的儿子冬冬即将升入五年级，却养成了爱撒谎、上课不认真、作业不按时完成的不良习惯，无论怎么劝说和管教都无济于事。

　　而冬冬则向我表达了这样的感受：他们不相信我、不理解我，总是认为我不行，既然如此，那我就不学了，我就是不行。

　　有没有注意到，起初父母只是想提醒孩子几句，结果越说

越生气，最后变成指责、吼骂，如果还不解气，甚至可能会动手，事后却又非常懊悔。然而，当下次遇到类似的问题时，又会重复上演这一幕，形成了一个恶性循环。每次只要孩子没有按照父母的意愿去行事，事情就进入循环状态，从提醒到吼骂，再到粗暴动手。

正如《妈妈知道怎么办》一书中阐述的观点，遭受体罚的孩子仿佛常年置身于战场上的士兵，长期处于恐惧和应激状态，这可能会导致五个严重的后果：孩子可能会变得反应迟钝；孩子可能会变得爱撒谎；孩子可能会模仿父母的暴力方式；孩子的自尊心可能受到巨大伤害，变得缺乏自信；孩子可能会变得易怒。

吼骂不会让孩子变得更好，吼骂也不会让父母感到解气。我遇到过很多类似的案例，孩子不是不愿意学习，而是因为长期受到说教、贬低和命令式的管教方式，让孩子认为自己不被接纳和理解。因此，他选择以不学习、沉迷手机，甚至打架等方式与父母对抗。

家庭沟通的障碍通常源于孩子认为父母更关心的是他的学习成绩，而不是他这个人。孩子感受不到父母的关爱。

通过两个简单的问题，轻松开启关爱模式：

第一个问题：最近有没有遇到什么困难？

第二个问题：你需要我如何帮助你？

妈妈："冬冬，最近学习上有没有什么困难呀？"

冬冬："没有。"

妈妈："老师给我打电话了，反馈了你最近的学习情况，表扬了你的进步。但是也提到你的作业还需要细心地检查，有时候会遗漏一些题目，是不会做还是不小心忘记了呢？"（先肯定再指出）

冬冬："是忘记了。"

妈妈："是忘了吗？你想想需要我们怎样协助你，是否需要我们来提醒你？"

冬冬："我想想。"

妈妈："好的，学习是你自己的事，但如果在学习过程需要帮助，随时可以告诉我们。"

最理想的关怀方式，是父母以轻松的态度表达对孩子的关爱，这种关爱不是因为学习成绩或是以完成作业为前提，而是对孩子本身的珍视。

在孩子尚未理解学习的真正价值之前，无论父母施加多少压力，无论怎样强调学习的重要性，孩子可能仍旧无动于衷。

学习这件事的关键在于，孩子必须自己认识到学习对其成长的深远意义，从而激发他的内在驱动力。正如一辆小汽车需要有一个性能优良的发动机才可能奔驰，若发动机性能不佳，再优质的燃料也无济于事。

2.在关注结果的同时，也要倾听孩子的声音

7 岁的俊杰哭着跑到妈妈和奶奶面前，哽咽着说："他们拿走了我的黏土。"

奶奶说："不要哭，你是小小男子汉。"

妈妈也接着说："遇到事情只知道哭，一点也不勇敢哦。"

奶奶和妈妈刚说完，俊杰哭得更委屈了。

许多家庭在面对孩子哭泣的问题时，常常感到无奈和沮丧，认为孩子遇到困难总是哭，不是一种好习惯。但没有任何人告诉孩子，以后遇到问题时，除了哭泣，还能采取哪些行动。

相反，父母总是把孩子的哭泣当成一个问题，不断指责孩子。站在评判对错的制高点，陷入一个关于对错的僵局。不断重复"哭是不对的""哭就是软弱""不能哭"等这些话，让孩子感到自己做得不好、不对。长此以往，孩子可能会变得不自信。

（采用启发式提问，鼓励孩子多表达）

妈妈："如果东西被拿走了，你想怎么处理这个问题呢？"

（激发孩子思考）

孩子："我不想给他，我想把它拿回来。"

妈妈："你打算怎么和对方表达你的想法呢?"（引导孩子说出自己的意见）

孩子："请他把东西还给我，因为我也想玩。"

妈妈："很好，去尝试一下吧。"

（多问"还有呢?"激发孩子想办法解决问题）

孩子："我已经说了，但是他还是不还给我。"

妈妈："那你再想想，还有没有其他解决办法。"（鼓励孩子思考）

孩子："我可以抢回来。"

妈妈："除了抢，还可以有其他办法吗?"

孩子："我还可以找他的妈妈，让她帮我把东西要回来。"

妈妈："那就再去尝试一下吧。"

若不引导孩子表达内心的真实想法，父母就不会了解孩子在想什么。因此，父母应通过引导孩子，帮助他解决面对的难题。

3.只有父母先放松，孩子才能真正放松

一位母亲向我倾诉，她最近感到十分烦恼，原因是孩子沉迷于手机游戏，她考虑过收回手机，却又担心孩子会因此产生

过激行为，问我该如何处理这种情况。

　　我："你可以试试，提醒孩子放下手机。"（耐心地建议）

　　母亲："不可能的，他根本不听。"

　　我："你尝试过了吗？难道你不相信孩子会做到吗？给一个机会让他试试，你需要信任你的孩子。"（用令人安心、放心的语气）

　　母亲："那我应该怎么说呢？"

　　我："第一，和孩子约定使用手机的时间，玩多久，双方达成一致；第二，使用倒计时提醒，比如，告诉他还有五分钟；第三，时间一到，再次提醒他。"（耐心地解释）

　　母亲："如果还是不行该怎么办？"

　　我："你先试试再说。通常情况下，到了这个阶段孩子都会主动放下手机。如果还是不愿意，你可以把手伸过去，示意孩子把手机交给你。"（用心地指导）

　　一小时后，孩子母亲向我反馈，她仅提醒了一次，孩子便主动把手机还回来了。

　　陪伴孩子成长，是一个既辛苦又充实的过程。父母付出时间和精力，自我改变和调整，就是为了陪伴孩子度过每一个关键的成长阶段，让他成为身心健康的人。

　　感受到父母关爱的孩子，更能够学会自爱；被父母理解的孩子，更懂得如何理解他人。

在与孩子沟通时，父母应鼓励孩子多表达，通过孩子的言语来了解他，而不是仅凭自己的想象去评判孩子。

（1）耐心：事缓缓说，话慢慢讲。

当孩子遇到问题时，他比任何人都着急，他的内心充满了无助。如果父母在此时发脾气，只会火上浇油，失去了与孩子沟通的机会。遇到问题时，父母应先放松心情，了解清楚情况，然后和孩子一同寻找解决的方法。

耐心地询问孩子："你最近是否在学习上遇到了困难？""你看起来不太开心，是遇到什么烦心事吗？""你不想写作业，是不是遇到难题了？"

耐心地听孩子诉说："你可以跟妈妈说说，或许我能帮你。""你当时是怎么想的呢？""发生了什么？""你想要我们怎么帮助你？"

让关心的话语从父母的口中缓缓说出来。孩子看到父母的反应是平和的，态度是温和的，孩子也会镇定、冷静下来，重新回顾问题，这样才有利于面对和解决问题。

（2）用心：发掘孩子的优点，看见孩子的进步。

在一次课堂上，我向父母们建议，每天去发现孩子的一点小进步，并给予夸奖。

一位母亲立刻回应："每天找进步，这太难了，找缺点倒是很容易。"

我对这位母亲说："你和孩子相处的时间最长，孩子真的没有进步吗？还是你忽略了孩子的进步？"

这位母亲想了想后说："我的孩子的确是有进步的，确实是被我忽略了。"

父母们试着用心发现孩子的一点小进步，每天记录下来，每周与孩子分享这些记录，期待会有新的发现。

（3）虚心：与孩子共同成长。

初为父母，缺乏育儿经验在所难免，养育孩子的方式可能会不自觉地沿袭上一代的教育方式，但这不意味着适用于现在的孩子。

因此，父母应当虚心地学习新知识，提升认知，比如看书、听课，以及向有经验的父母请教育儿经验等，与孩子共同成长。遇到问题时，不再依赖吼叫和责骂，而是采用更科学的方法来引导和陪伴孩子。

（4）安心：不用过度担心、焦虑。

一位教育学者曾表示，如果人的一生注定要犯1万次错误，他希望自己的孩子在25岁之前能犯下9999次错误。

成长就是在遇到问题时需要解决它，当孩子理解并学会了处理问题的方法，他就得到了成长。当孩子遇到问题时，父母应当与孩子多交流，了解他是如何看待这个问题以及想如何处理这个问题。只有父母保持一颗平和的心态，孩子才有充足的时间思考和解决问题。

（5）放心：相信你的孩子可以做到。

父母是孩子最亲密、陪伴时间最长的人。如果连父母都不

相信孩子可以学好、做好，拥有突破自我的潜力，那么孩子又如何能相信自己呢？

尝试让孩子独立完成一次超市购物、让孩子亲自准备一次晚餐、让孩子自己早起、让孩子独立完成作业等。

给孩子提供施展能力的空间，留给他独立完成任务的时间，相信孩子可以做到。慢慢地，父母会发现，孩子能够做到的事情越来越多，他变得越来越勇敢、越来越自信。

四、当孩子犯错时，父母应以轻松的态度应对

1.营造一个轻松的氛围，让孩子敢于表达错误

在孩子的成长过程中，犯错是不可避免的，它如同成长道路上的小石子，虽然可能会绊倒孩子，却也是学习与进步的机遇。父母面对孩子犯错时，所持的态度和处理方式至关重要，不仅会影响到孩子对错误的理解，还深刻影响着他的性格塑造与自信心的建立。

在孩子的成长过程中，他必须面对错误并勇于认错；从错误中吸取教训、认识到自身的不足，也是磨砺性格与提升能力的机会。面对孩子犯的错误，父母如何轻松态度应对，这不仅关系到孩子当下的心理状态，更影响着他的人格发展和自我价

值观的建立。

　　四年级的小明放学后在小区玩耍，骑着平衡车出了家门，他没有听从妈妈之前的嘱咐，将平衡车随意搁在一旁，然后跑去旁边玩耍，结果平衡车在小区内丢失。小明害怕受到父母的批评，虽然嘴上说着"无所谓"，实际上心里非常担心。父母察觉到了他的不安，决定利用这个机会教育他如何面对问题，并培养他的成长型思维。

　　小明（试图掩饰紧张）："爸妈，平衡车弄丢了。但没关系，反正我也不太想骑了。"

　　妈妈（温和地）："小明，我们知道你丢失平衡车后却这样说感到挺难过的。但更重要的是，我们要学会如何处理这个问题。记得我之前告诉过你，骑平衡车出去后，一定要把车放在自己的视线范围内，要么就不要骑出去，对吗？"

　　小明（低头）："嗯，我记得。但是我没做到。"

　　爸爸（鼓励地）："每个人都会犯错，小明，重要的是我们要从错误中找到解决办法。你记得我对你讲过，面对任何问题，至少有三种解决办法吗？"

　　小明（有些惊讶）："嗯，我记得。但是，这有什么用呢？"

　　妈妈（引导）："那我们一起来想办法，看看四周有没有监控摄像头，我们可以去查看监控录像，看看是否有人捡到了你的平衡车。"

小明（开始参与）："对，我们可以去问问小区的保安。"

爸爸（继续引导）："小区有业主群，可以请物业帮忙在群里发消息，看看有没有邻居看到或者捡到了你的平衡车。"

小明（点头）："爸爸妈妈，我想再去丢平衡车的地方找一圈。"

妈妈："好的，我们现在就去吧！"

爸爸（肯定地）："很好，小明。你已经开始学会面对问题，而不是逃避了。记住，每个问题都是一次学习的机会。即使这次找不到平衡车，你也从中学到了如何解决问题。"

小明（自信地）："我知道了，爸爸。我会记住这次的教训，以后会更加小心。"

通过上述案例可以看出，当父母以轻松的态度和方式引导孩子面对错误时，不仅能够减轻孩子的心理压力，也能教会孩子敢于直面问题，不再选择逃避，也学会积极地寻找解决方案。父母没有责备孩子，而是引导他积极思考并行动，这不仅有助于减轻孩子的焦虑，也教会了孩子在犯错后如何解决问题，从而促进了他的成长与进步。

这里向大家提供五个有助于营造轻松氛围的策略。

（1）情绪管理。

父母首先要学会管理自己的情绪，即使在孩子犯错时也能保持冷静，避免情绪化的反应，这是营造轻松氛围的关键。

（2）积极倾听。

给予孩子充分表达的机会，这不仅能帮助父母了解错误背后的原因，也能让孩子感受到被理解和尊重。

（3）共同解决问题。

将错误视为一个学习和成长的机会，与孩子一起探讨如何避免类似的错误，比如设立规则、制订计划或寻找替代方案，增强孩子的参与感和责任感。

（4）正面反馈与鼓励。

关注孩子在解决问题过程中的努力和进步，即使是微小的改变也值得肯定，这有助于建立孩子的自信心和增强自我价值感。

（5）示范与引导。

父母自身的行为对孩子有着深远的影响。通过亲身示范，展现如何面对和改正错误，成为孩子学习的榜样。

2.多运用这些词汇来表达，成为"会说话"的父母

在与孩子沟通的过程中，父母的言辞对孩子有着深刻的影响。温暖而积极的话语不仅能传递关爱与支持，还能帮助孩子树立自信和勇气。为了帮助父母更有效地与孩子沟通，成为"会说话"的父母，我整理了一些正向、积极的词汇，希望能够帮助到父母，让孩子感受到父母的理解、支持和关爱。

理解、支持、引导、陪伴、耐心、关爱、鼓励、尊重、倾听、信任、安慰、肯定、引导、包容、分享、赞美、提醒、探索、守护

（孩子考试成绩不理想时）

（错误示范）

父母："你怎么这么笨，这么简单的题都能做错！"

孩子的感受：感到被贬低，自信心受挫。

（正确示范）

父母："我明白这次考试对你来说很重要，看到成绩你也感到有些失望（理解）。让我们一起看看是哪些题目做错了，下次应该怎样改正（支持）。别担心，学习是一个长期的过程，爸爸妈妈会陪你一起克服困难的（耐心）。"

（孩子渴望尝试新事物时）

（错误示范）

父母："那个太危险了，你不能做！"

孩子的感受：感到被限制，好奇心和探索欲被压制。

（正确示范）

父母："哇，听起来很有趣！但在尝试之前，我们是不是应该先了解一下安全知识呢（引导）？我们支持你去探索新的事物，但安全永远是第一位的（鼓励）。我们一起做好准备，然后你可以试试看（探索）。"

（孩子遇到困难想要放弃时）

（错误示范）

父母："你怎么这么容易放弃，再试一次！"

孩子的感受：感到被强迫，可能更加抗拒。

（正确示范）

父母："遇到困难是很正常的，每个人都会有这样的时刻（理解）。我们相信你有能力克服它，再试试看吧（鼓励）。我们会一直陪在你身边，给你加油打气（陪伴）。记住，耐心和坚持是成功的关键（耐心）。"

（孩子分享自己的想法时）

（错误示范）

父母："你这个想法太天真了，不可能实现的。"

孩子的感受：被否定，不愿意再分享。

（正确示范）

父母："哇，你的想法真有意思！能告诉我你为什么这么想吗（倾听）？我们尊重你的每一个想法，即使它和我们平时想得不太一样（尊重）。继续分享你的想法，我们很乐意听（鼓励）。"

（孩子犯错时）

（错误示范）

父母："你怎么这么不听话，又犯错了！"

孩子的感受：感到被责备，可能产生逆反心理。

（正确示范）

父母："每个人都会犯错，这也是学习的一部分（理解）。这次你做得可能不太对，但没关系，我们一起看看是哪里出了问题，以后怎么避免（包容）。记住，错误是让你成长的好机会，爸爸妈妈会和你一起学习、一起进步（教导）。"

（孩子想要独立完成任务时）

（错误示范）

父母："这个你做不好，还是我来吧。"

孩子的感受：感到被低估，自主性受挫。

（正确示范）

父母："我们相信你有能力完成这个任务，你可以试着自己做做看（信任）。如果在过程中遇到困难，记得来找我们，我们会一直在你身边支持你（同行）。加油，我们相信你能做得很好（鼓励)！"

（孩子取得进步或成功时）

（错误示范）

父母："这没什么大不了的，别骄傲。"

孩子的感受：成就感被削弱，可能失去了继续努力的动力。

（正确示范）

父母："我们真的为你感到骄傲，你做得太棒了（赞美）！你的努力和进步，我们都看在眼里，这是你自己取得的成功（肯定）。快来和我们分享你的喜悦吧，我们也想听听你是怎么做到的（分享）。"

（孩子感到害怕或不安时）

（错误示范）

父母："别怕，有什么大不了的！"

孩子的感受：情绪被忽视，可能更加害怕。

（正确示范）

父母："我们理解你现在可能感到害怕或不安，这是很自然的（安慰）。你可以告诉我们是什么让你感到害怕，我们一起想办法解决（倾听）。记住，无论发生什么，爸爸妈妈都会在你身边保护你（守护）。"

通过这些对话可以看出，使用正面、支持性的语言，不仅能够有效地传递父母对孩子的爱与关怀，还能激发孩子的自信心、探索欲和创造力，为他的成长提供坚实的支持。

五、教导孩子学会沟通，让孩子更加受欢迎

1.心口一致，让沟通变得更轻松

在亲子关系中，有效的沟通是建立信任、增进理解和加强互动的基石。然而，很多时候，父母的言辞表达与内心的真实想法不一致，这种心口不一的沟通方式往往会给亲子关系带来负面影响。

当孩子没有按时完成作业，父母可能会说："你再不写作业，我就再也不给你买玩具了！"这可能会让孩子感到受威胁。

看到孩子的房间乱七八糟时，父母可能会说："你怎么这么懒？房间都乱成什么样了！"这可能会让孩子感到被指责。

当孩子成绩不太理想时，父母可能会说："你怎么考这么差？平时你都在干什么？这样下去，你怎么能考上好学校？"这可能会让孩子感受到责备。

当孩子想吃零食时，父母可能会说："你总是想吃这些不健康的食品！难道你不知道这些食品对身体有害吗？你怎么这么不懂事！"这可能会让孩子感受到责备和被限制。

心口一致的沟通方式就是让父母的言语和内心的想法保持一致，能够真实地表达自己的感受、需求和期望。

当孩子没有按时完成作业时，心口一致的表达是："我注意到你今天的作业还没完成，是不是遇到了什么困难，或者有什么事情让你分心了？我们可以一起商量如何合理安排时间，或者你需要我协助你解决作业中的问题吗？请记住，写作业的目的是帮助你巩固学到的知识，我会一直陪着你完成作业。"

当孩子的房间乱七八糟时，心口一致的表达是："我看到你的房间有些凌乱，整理房间确实需要花费一些时间。你可以制订一个整理计划，或者你希望我们一起整理吗？一个整洁的环境会让我们都感到舒适和愉快。"

当孩子成绩不太理想时，心口一致的表达是："我看到这次你的考试成绩没有达到我们的预期，但我知道你一直在努力学习。我们可以一起看看哪些题目做错了，或者你需要我提供一些额外的学习资料吗？关键是要找到问题所在，并努力解决它，我相信你可以做到。"

当孩子想吃零食时，心口一致的表达是："宝贝，爸爸妈妈知道你爱吃零食，但零食吃多了对健康不利，我们尽量少吃，或者用健康的替代品，比如水果和坚果。我们也可以一起动手制作小点心，这样既能解馋，又能吃得健康。你觉得怎么样？"

在亲子关系中，心口一致的表达方式至关重要，它会让沟通变得更加轻松且有效。

以下一些建议，可以帮助父母实现心口一致的表达。

（1）句意表达清晰明确。

父母应尽量使用简单、明确的语句，避免使用复杂的词汇或句子结构，确保表达的信息容易被孩子理解。

（2）真情实感。

父母应当真诚地表达自己的情感和感受，并让孩子能够真切地感受到，这有助于建立双方的信任。

（3）尊重孩子。

父母在与孩子交流时，应尊重孩子的感受、观点和选择，避免使用命令或指责的语气。

（4）多用以"我"字开头的语句。

多用以"我"字开头的语句来表达自己的感受，而不是指责或评价孩子。比如，"我感到很失望，我希望你能更加尊重我"，而不是"你总是这么不尊重人"。

（5）鼓励反馈。

父母在表达意见后，鼓励孩子给出反馈，确保他真正理解了你的意思，同时，也可以询问他的想法和感受。

（6）设定界限。

父母应当明确表达期望值和界限，但同时也要尊重孩子的个性和他们的选择。

（7）提供选择。

父母应当给孩子提供选择方案，而不是发出强制命令，这样做可以让孩子感受到更多的自主性，从而更愿意倾听和理解父母的意见。

（8）以身作则。

父母通过自己的行为为孩子树立榜样，因为行为往往比言语更有影响力。

假设孩子在学校与同学发生了冲突，回家后情绪低落。如果父母说："你又在学校惹麻烦了？你怎么这么不让人省心！"这种带有指责性的话语不仅无法安慰孩子，反而可能让孩子更加沮丧和自责。

试试这样表达。

"我看到你今天回家后情绪有些低落，脸上写满了不开心，我猜想是不是在学校遇到了让你感到难过的事情？"（句意表达清晰明确）

"我真的很担心你，看到你这样我也感到难过。"（真情实感）

"我知道，每个人都有自己的情绪和难处，你也不例外。无论发生了什么事情，我希望你能感受到，我坚定地站在你这边，支持你、理解你。"（尊重孩子）

"我有些担忧，我希望你能快乐地度过每一天，但我也明白，生活中总会有不如意的时候。"（多用以"我"字开头的语句）

"你愿意和我聊聊吗？告诉我发生了什么事情，或者你现在的感受。我很愿意倾听，也希望能为你提供一些建议或帮助。"（鼓励反馈）

"当然，我也希望你能明白，人与人相处时难免会有摩擦，

关键在于我们如何看待并解决这些问题。我希望你能学会用积极的态度去处理这些冲突。"（设定界限）

"如果你需要帮助，我们可以一起想想办法，看看如何与同学沟通，或者如何调整自己的心态。"（提供选择）

"请记住，无论遇到什么困难，都不是你一个人的战斗。我会一直在你身边，支持你、鼓励你。就像我之前说过的，我相信你能够处理好这些事情。"（以身作则）

2. 良好的沟通其实很简单

在家庭的日常交流中，沟通不畅、言语争执、指责和抱怨等行为，如同冬日的寒风，驱散了家庭的温暖。这些行为不仅导致家庭成员间产生隔阂，还可能激化矛盾，让家不再是一个安全的避风港。

沟通不畅让情感逐渐变得陌生，彼此的想法、感受和需求难以被理解，误解和猜疑随之而生，情感关系变得脆弱；言语争执则像野火一般迅速蔓延，"烧毁"家庭的和谐；指责和抱怨如同心灵的枷锁，束缚着彼此，使家庭氛围变得压抑和沉重。

良好的沟通是构建家庭和谐的基石，它以爱为出发点，倡导使用温和、充满理解和尊重的语言进行交流，这样的沟通方式能够极大地增进家庭成员间的情感联系，为家庭营造一个温馨、轻松的氛围。

小明的父母发现他的学习成绩有所下降。

父母（严厉地）："小明，你的学习成绩怎么下降了这么多？你最近都在干什么？"

小明（紧张且害怕）："我……我也不知道，可能是最近状态不太好。"

父母（不满）："状态不好？那你为什么不及时与我们沟通？你是不是在学校遇到了什么事情没有告诉我们？"

小明（更加紧张）："没有，真的没有。我只是觉得学习有点难。"

父母（指责）："难？那其他同学怎么都能学好？我看你就是不够努力，整天就知道玩！"

小明（委屈）："我没有整天玩，我也在努力学习……"

父母（打断）："够了，不要再找借口了。从现在开始，你每天放学后必须直接回家学习，不准出去玩，也不准看电视！"

小明（沮丧）："可是……"

父母（不容置疑）："没有可是，这是为了你好，你必须按我们说的做！"

这次对话不仅没有帮助小明解决学习上的难题，反而加深了他与父母之间的隔阂。小明感受到来自父母施加的压力和指责，而不是了解和提供帮助，这让他变得更加沮丧和抗拒，甚至开始逃避学习，导致成绩进一步下滑。同时，父母也因为小明的不配合态度而感到失望和愤怒，家庭氛围变得紧张而压抑。

倘若用温和的态度和小明耐心沟通，或许就能避免这样的局面，还能增进彼此之间的理解和信任，营造一个更加和谐的家庭氛围。

父母（温和地）："小明，这是第二次月考，你的排名是班级第25名，比上次下降了10名。能和我们谈谈吗？"

小明（抵触）："不太想谈，没考好就是没考好，还有人比我排名更差的。"

父母（平和地）："我们并不是想责备你，而是看到你学习也很努力，想看看如何能帮助你。"

小明（支支吾吾）："嗯……我觉得可能是最近学习压力有点大，而且……有些科目我听不太懂。"

父母（耐心聆听）："哦，原来是这样。学习确实不容易，我们理解你的感受。你觉得是哪些科目让你感到比较吃力呢？"

小明（放松下来）："数学和英语，我觉得这两门课有点难。"

父母（共情）："数学和英语确实需要一些特别的学习方法。你有没有尝试过寻求老师或者同学的帮助呢？"

小明（摇头）："还没有，我怕麻烦他们。"

父母（鼓励）："别怕麻烦，老师和同学都很乐意帮助你的。而且，我们也可以和你一起制订一个学习计划，你觉得怎么样？"

小明（感兴趣）："真的吗？那太好了！"

父母（尊重）："当然，我们相信你有能力克服这些困难，也希望在这个过程中给你提供一些支持和帮助。你觉得我们应该从哪里开始呢？"

小明（思考）："我觉得可以先从数学的基础题开始练习，然后再慢慢提升难度。至于英语，我可以多背一些单词和短语。"

父母（肯定）："很好，这是个不错的计划。我们会一直支持你，加油！"

通过这次沟通，小明的父母不仅了解了他在学习上遇到的困难，还与他一起制订了解决问题的方案。更重要的是，这次沟通让小明感受到了来自父母的支持，增强了他克服困难的信心。

（1）积极地沟通：好好说话，以关心取代责备。

步骤一：保持冷静与理智。

面对孩子成绩下滑的问题，父母首先应保持冷静和理智，不被情绪左右，用平和的语气开启对话，比如："宝贝，我们注意到你最近的成绩有些波动，能和我们聊聊吗？"这样的开场白能够降低孩子的抵触情绪，为后续的沟通打下良好的基础。

步骤二：表达关心而非责备。

在沟通时，父母应避免使用责备或批评的言辞，而是要表达对孩子的理解与关心。比如："我们非常关心你的学习进展，

想知道是不是遇到了什么困难?"这样的表达方式能够让孩子感受到父母的关爱与支持,从而更愿意敞开心扉。

(2)理解的态度:倾听需求,共同寻找解决方案。

步骤三:耐心倾听。

当孩子开始分享自己的感受和经历时,父母应耐心倾听,避免急于打断或提出建议。通过倾听,父母能够更好地了解孩子的情况和理解他的感受,为后续的沟通建立信任基础。

步骤四:表达共情。

在倾听的过程中,父母可以适时地表达共情,让孩子知道自己的感受被理解和接纳。比如:"学习确实不容易,我们小时候也会感到迷茫和挫败。"这样的回应能够让孩子感受到被支持,增强他的自信心。

步骤五:共同寻找解决方案。

在了解了孩子的情况和需求后,父母可以与孩子一同探讨问题的解决方案。比如:"我们一起想想,有没有什么方法可以提高你的学习效率?或者,我们是否需要寻找老师或辅导班的帮助?"这样的对话方式能够让孩子感受到自己是被尊重的参与者,而不是被动的接受者。

(3)以尊重的态度表达:维护尊严,增进信任。

步骤六:避免使用攻击性言语。

父母在表达自己的观点和期望时,应避免使用攻击性或侮辱性的言语,而应该以尊重的语气来表达自己的需求和期望。比如:"我们相信你有能力找到适合自己的学习方法,也希望在这个过程中能够给你提供一些支持和帮助。"

步骤七：鼓励自主与独立。

父母应以尊重的方式鼓励孩子自主思考和独立解决问题。比如："我们相信你有能力解决自己的问题，只要你需要，我们会一直在你身后支持你。"这样的表达方式能够增强孩子的自信心和独立性，同时也能够增进父母与孩子之间的信任和理解。

练习：掌握和谐沟通的三步骤，有效减少冲突，让交流更加轻松自在

良好的沟通是构建立和谐关系的核心。父母若能遵循以下三个步骤，可以更加有效地表达自己的想法，同时降低发生冲突的可能性，让沟通时刻变得更加轻松自在。

第一步：坦率地陈述事实。

（案例描述）

小明的父母发现他的学习成绩有所下滑，于是决定与小明进行一次深入的沟通。沟通开始时，他们坦率地陈述了观察到的情况："小明，我们注意到你最近的学习成绩有些下滑。"

（关键要点）

保持客观：用事实说话，避免主观臆断或情绪化的表达。

明确具体：明确指出具体的问题或现象，以便让对方能够清晰地理解。

避免指责：在陈述事实时，避免使用指责或批评的语气，以免激起孩子的抵触情绪。

第二步：向孩子传达父母的心理感受。

（案例描述）

在陈述完事实后，小明的父母表达了他们的心理感受："我们很担心你的学习状况，也很想知道你最近是不是遇到了什么困难。"

（关键要点）

真诚：父母诚实地表达自己的感受和想法，让孩子感受到真心和关心。

共情：尝试站在孩子的角度思考，表达出父母对孩子可能面对困境或挑战的理解。

鼓励：鼓励孩子分享自己的感受和想法，为进一步地沟通打下基础。

第三步：父母希望孩子做些什么。

（案例描述）

小明的父母明确提出了自己的期望："我们希望能和你一起探讨学习上的问题，共同寻找有效的解决办法。"

（关键要点）

明确性：清楚地表达自己的期望和需求，让孩子知道父母的意图。

可行性：确保提出的期望是合理且可实现的，避免给孩子造成过大的压力或负担。

合作性：强调父母与孩子之间的合作与共同努力，让孩子感受到这是一个共同面对问题、解决问题的过程。

通过以上三个步骤，可以增进彼此的理解和信任，建立更加和谐的亲子关系。

Chapter 3

妥善管理情绪，避免情绪内耗

一、父母情绪稳定，孩子遇到的问题就会减少

1.可以生气，但切勿失去控制

情绪蕴含着一种神秘的力量，它既能让人精神焕发，也能让人萎靡不振；既能让人冷静和理智，也能让人暴躁和易怒；既能让人从容地面对生活，也能让人惶惶不可终日。

情绪，作为一种能量状态，当人的情绪高涨时，做事情如顺流行舟；当人的情绪低落时，犹如带着炸药包前行，随时可能爆发。

想象一下，当雪球从山上滚落到山脚，会发生什么情况？

雪球会越滚越大，越滚越紧实。情绪也是如此，日积月累，如果负面情绪囤积得越来越多，心理状态也随之改变，人会变得易燃易怒、难以控制。

海蓝博士曾经在课堂上问："在座的各位，谁有过悲伤的情绪，请举手。"

所有人都举起了手。

　　她接着提问："谁有过生气、愤怒、害怕、焦虑的情绪？"

　　几乎所有人都举起了手。

　　她继续提问："什么样的人会没有任何负面情绪？"

　　现场陷入一片沉默，没有人能回答这个问题。

　　海蓝博士总结道："没有人会完全没有负面情绪，只有已经逝去的人才没有情绪。"

　　只要人还活着，在人际关系网中就不可避免地会有各种各样的情绪困扰。我们时常会感到不高兴，这是正常的。关键不是让自己没有负面情绪，而是不要让自己被负面情绪左右。

　　在养育孩子的过程中，父母常常会因为孩子的某些行为而感到生气，比如孩子不听话、顽皮、上课不专心等，这些行为往往会引起父母的焦虑和担忧，导致情绪波动。然而，尽管负面情绪是人类共有的情绪之一，但被负面情绪控制是可以避免的。

　　母亲带着一年级的小莉来到心理咨询室，母亲说："孩子最近表现出多动、不专心、不听话、脾气大，甚至有冲出家门的行为。"

　　这些情况让母亲非常担忧，她不知道该如何处理小莉的行为问题。

　　在咨询过程中，母亲一会儿提醒小莉坐好，一会儿提醒小莉好好说话，一会儿提醒小莉认真听。她表示，自己常常因为小莉在学习上或是生活习惯上的事而生气，起初还会同小莉平

和地沟通，但情绪总会逐渐失控，最后会大声吼叫，愤怒至极时甚至会动手。

当父母因孩子而感到生气或焦虑时，是否想过这些负面情绪背后隐藏的真正原因？是担心孩子的学习成绩、行为习惯，还是对孩子未来的深切忧虑？

"如果孩子不好好学习，就无法考入好的初中，上不了好的初中就难以考上理想的高中，继而影响到考大学，最终可能导致找不到满意的工作，这一生前景似乎就黯淡了。"

这种担忧如同滚雪球般愈滚愈大，从学习成绩不佳到找不到理想工作，再到孩子的一生似乎"毁了"。这种连锁反应，实际上是源自父母对孩子未来的恐惧和不安。

在养育孩子的过程中，情绪管理不仅仅是为了自己，更是为了孩子。当孩子面对父母的愤怒与焦虑时，他会作何感想？他可能会认为，自己的存在是父母的一种负担，自己的努力永远不够。这样的情绪氛围，不利于孩子的健康成长和自我认同。

我向这位母亲反馈了我的观点，并问了她一个问题："能说说小莉的优点吗？"

这位一直在批评小莉的母亲一时愣住了，没有回答。

在后续的跟进工作中，小莉母亲告诉我，对她影响最大的一句话是"说说小莉的优点"。小莉母亲意识到，过去很少表扬孩子，总是将注意力集中在小莉的缺点上，这让她对小莉感到很失望。她和小莉的父亲为孩子付出了很多，但似乎没有任何效果，他们甚至怀疑自己作为父母很失败。

但是，当她开始调整视角，去发现和欣赏小莉的优点时，一切都发生了变化。她开始以更加宽容的心态观察小莉的成长，不再只盯着小莉的缺点，而是开始留心并称赞小莉每一次的努力和进步。这种积极的心态转变不仅帮助小莉母亲改变了对小莉的看法，逐渐学会欣赏小莉，也增强了小莉的自信心和自我价值感，小莉变得自信起来，愿意与妈妈沟通和分享。

正如爱默生所言："对于不同的头脑，同一个世界可以是地狱也可以是天堂。"完全相同的事情，给每个人的感受都不相同。观念的转变能够带来巨大的影响，当父母专注于寻找幸福时，他们可能更容易感受到幸福。孩子没有好与差之分，一切往往取决于父母的视角和态度。

2.了解负面情绪从哪里来

生气、紧张、担心、愧疚、悲伤等情绪都是人类情感的自然反应，关键在于学会控制这些负面情绪。

影响一个人行为和情绪的深层原因，不是事件本身，而是人对事件的看法、视角、诠释和评价。归根到底，是人对事件

所持有的信念。

这一深刻见解由美国心理学家阿尔伯特·埃利斯在其情绪ABC理论中阐明。在情绪ABC理论中，A代表诱发事件，B代表个体对事件的信念、解读和评价，C代表由内在认知引发的情绪及行为反应。由此可见，情绪并非由事件本身直接触发，而是源于个体对事件的看法和解读方式。

人们的观点和评价常受到三种思维模式的干扰，导致情绪和行为反应过度。这三种思维模式分别是：恐怖化，即过分担忧，将事情视为一场灾难；应该化，使用"必须""应该"等词汇来苛求自己和他人；合理化，将不合理的事物视为合理，缺乏积极应对的态度。这些思维模式若长期占据主导地位，会使人陷入一系列不合理的信念中，比如过分在意他人的看法、无法接受失败、要求一切按照自己的意愿进行等。

这些不合理的思维模式会对亲子关系产生负面影响。恐怖化思维模式可能导致父母过度担忧孩子的未来，限制孩子的自主性和发展空间；应该化思维模式意味着父母设定了过高的期望值，缺乏对孩子的理解和接纳，导致孩子感到压力重重；合理化思维模式则可能导致父母忽视孩子面对的问题，削弱了父母的责任感，使孩子感到被忽视或不被理解。

这三种思维模式的后果都会导致亲子关系的紧张和疏离，孩子在遇到问题时不敢向父母求助，父母也会感到焦急、无助和无能为力。

因此，认识到情绪的真正来源——思维模式，是至关重要
的。父母意识到这一点，就会主动从自身寻找原因，并调整自
己的思维模式。他们不再简单粗暴地在孩子身上寻找问题，而
是让自己摆脱扭曲的思维模式，更好地管理自己的情绪，从而
改善亲子关系，促进家庭的和谐。

3.三个步骤，有效管理情绪

在育儿的过程中，父母也时常需要面对孩子的情绪问题。
如何妥善应对这些情绪，不仅关乎孩子的健康成长，更可能影
响他一生的心理发展。父母稳定的情绪为孩子提供了一种无形
的安全感，同时也是孩子学习情绪管理的有效范例。

以下三个步骤，让父母轻松实现情绪管理。

第一步：觉察与接纳。

首先要觉察自己的情绪。当产生负面情绪时，不要急于抗
拒或否认，尝试暂停下来，深呼吸，并问自己："我现在感觉如
何?"这有助于让自己从情绪的漩涡中抽身，保持理智。

接纳负面情绪是管理情绪的第一步。无论是焦虑、愤怒还
是沮丧，它们都是情绪的一部分。情绪是内心感受的直接反应，
就像是一个信使，传递着内心的感受。遇到事情时，试着接纳
这些情绪，并告诉自己："我有这样的情绪是正常的。"这种接
纳不是放纵，而是一种成熟的自我意识，为调节情绪打下基础。

第二步：沟通与表达。

完成了觉察和接纳之后，使用"我感觉"这样的句式清晰且准确地表达自己的情绪，而不是用指责或攻击的方式。比如："我感觉很生气，因为你没有按时回家。"这样的表达方式既让孩子理解了父母的感受，也避免了不必要的争执。

当孩子表达不满或恐惧时，为他提供足够的空间和安全感，倾听他的心声，允许他自由表达。让他明白，家庭是一个可以坦诚交流、接纳各种情绪的温馨港湾。

第三步：寻求解决方法。

情绪管理并不仅仅是压抑或发泄负面情绪，更关键的是寻求问题的解决之道。当父母了解了自身负面情绪的来源后，可以和孩子一同寻找解决办法。这个过程既能向孩子展示如何化解负面情绪，也有助于培养孩子解决问题的能力。

（情景一）

小明，一个 10 岁的男孩，近期因为学习压力和与朋友之间的误会，变得情绪化，频繁地发脾气。

（觉察与接纳）

遇到一道难以解答的题目时，小明情绪失控，大发雷霆。

示范：妈妈并没有立即责备小明，而是引导他先暂停做题，深呼吸，然后询问他的感受。妈妈告诉小明："遇到难题解不出来时感到生气是很正常的，妈妈也有这样的经历。"

（沟通与表达）

待情绪稳定后，妈妈鼓励小明用"我感觉"的句式来表达自己的情绪。

示范：小明说："我感觉很生气，因为这道题目太难了。"妈妈认真倾听，并分享了自己遇到困难时的应对方法。

（寻求解决方法）

妈妈和小明一同探讨如何解决难题，并向他传授一些放松的方法。

示范：妈妈和小明一起分析题目，找到解题的关键点，并指导小明用深呼吸、短暂休息等放松技巧。问题得到解决后，妈妈引导小明回顾整个解决过程，帮助他认识到负面情绪是可以被有效管理的。

当孩子出现情绪波动时，父母首先觉察并接纳了小明的负面情绪，为他提供了表达情绪的空间；其次，鼓励小明用"我感觉"的句式表达负面情绪的来源，这有助于父母了解实际情况；最后，与小明共同寻求解决方法，不仅帮助他克服了学习上的困难，还教会了他如何管理负面情绪，实现了提升解决问题能力与情绪管理的双重目标。

（情景二）

晚上，母亲忙碌了一天回到家中，却发现孩子把客厅弄得一团糟，玩具散落一地。她的第一反应可能是愤怒或烦躁。

（觉察与接纳）

当母亲意识到自己的某种负面情绪开始上升时，先做几个

深呼吸，让自己冷静下来。

问自己："我现在是什么感觉？是愤怒还是烦躁？"明确自己的情绪状态。

对自己说："我有这样的负面情绪是正常的，毕竟今天已经很累了，看到家里这么乱确实会有些烦躁。"这种自我接纳让母亲不再抗拒负面情绪，而是准备以更平和的心态去处理。

（沟通与表达）

母亲决定与孩子进行沟通。

母亲走到孩子身边，用平和的语气说："宝贝，看到客厅这么乱，我感到心情有点烦躁，妈妈今天工作很累，本来想回家后能稍微休息一下。"

给孩子表达他的想法或感受的机会，他可能会说："对不起，妈妈，我只是想玩玩具，没注意到弄乱了。"

确认孩子的想法也是合理的，母亲可以说："我知道你想玩，这很正常，但是我们需要一起找到一种方法，既能让你玩得开心，又能保持家里整洁。"

（寻求解决方法）

母亲问孩子："你觉得我们怎么做可以避免这种情况再次发生呢？"

孩子可能会说："我玩完后自己收拾玩具。"母亲也可以进一步提议："我们也可以设定一个固定的时间收拾玩具，比如每天晚上睡前一起整理。"

与孩子一起执行这个计划，并在初期给予他必要的提醒和鼓励。当孩子表现良好时，及时给予正面的反馈，比如："今天你自己收拾了玩具，妈妈感到很开心，谢谢你帮我保持家里整洁。"

在上述案例中，母亲表现出了理智的处理方式：产生负面情绪时，通过深呼吸和自我觉察来平复情绪，避免了接下来的冲动行为；随后，她运用了"我感觉"的沟通方式，既表达了自己的感受，又保持了情绪的稳定，同时倾听孩子的意见，体现了尊重和同理心；最后，母亲引导孩子一起制订并执行解决方案，比如设定时间收拾玩具，这不仅有效解决了问题，还趁机培养了孩子的责任感和自我管理能力，实现了情绪管理与解决问题的双重胜利。

二、不要让养育成为一件情绪内耗的事

在养育孩子的道路上，若深陷于情绪内耗，不仅会逐渐消磨家庭成员之间的温情，导致家庭氛围变得沉重而压抑，让家庭充满负面情绪，而且会在孩子的心中悄悄埋下自我怀疑与挫败感的种子，对其未来的成长与发展产生深远的负面影响。

美国著名家庭治疗师维吉尼亚·萨提亚指出，家庭是个体

情感与行为发展的首要和关键环境，对个人的成长有着深远的影响。

一个能妥善管理个人情绪、以爱为基石组建的家庭，是每位家庭成员内心的坚强支柱。正如水质清澈才能养出健康的鱼儿，一个稳定的情绪环境，也是孩子心灵健康成长不可或缺的土壤。

1.合理地表达生气的情绪，让亲子关系更和谐

许多父母都秉持着和谐至上的原则，认为避免冲突、不发脾气，就能维护良好的亲子关系。然而，事实并非如此。长期压抑自己的情绪，等到情绪积累到无法承受的时候爆发出来，可能会对亲子关系造成更大的伤害。

生气并不是洪水猛兽，关键在于父母如何应对它。首先，父母需要明白，生气是一种正常的情绪反应。当孩子的行为触及了父母的底线或违反了约定的规则时，父母自然会感到生气。在这种情况下，父母不应该回避这种情绪，而应该尝试去接纳并正视它。其次，父母要学会合理地表达自己生气的情绪，但这并不意味着父母要对孩子怒吼或恶语相向，而是应该用平和、理性的方式表达自己的感受和情绪。比如，可以对孩子说："我感到很生气，因为我觉得你没有尊重我的意见。我希望你能认真听我说话，并考虑我的建议。"这样的表达方式既能让孩子理解父母的感受和情绪，又不会对孩子的心理造成伤害。

正值青春期的女儿小莉，个性独立且情绪波动大。父亲发现，随着女儿的成长，他们之间的沟通变得越来越困难。每次想和女儿聊聊，女儿总是以"没时间""不想听""别烦我"等言语拒绝与父亲沟通。小莉的母亲也对父亲说："青春期的孩子就像'炸药包'，惹不起，我们最好别去刺激她。"

小莉的行为和态度让父亲感到很无奈。每当女儿的举动或态度引起他的不满时，他总感到一股怒气涌上心头。为了避免冲突，父亲选择了逃避——出去运动来释放压力。父亲以为，压抑自己生气的情绪，不在女儿面前表露出来，就能避免与女儿产生冲突。

父亲希望通过这样的方式让小莉发生改变，但实际上，小莉感受到的是父亲的疏远，甚至开始怀疑自己是不是不够优秀，才导致父亲对她如此冷淡。这种自我怀疑逐渐演变为对父亲的怨恨，她也开始模仿父亲的逃避行为，导致父女之间的关系变得越来越紧张。

小莉母亲向小莉父亲反馈了女儿的感受，这让他意识到，自己之前的做法不仅没有解决问题，反而加深了与女儿之间的隔阂。于是，他决定改变自己的处理方式。

在下一次和女儿沟通时，父亲耐心地听完小莉表达自己的观点和情绪，没有急于打断或反驳。当他感到生气时，他试着用平和、理性的方式表达自己的感受和情绪。他对女儿说："小莉，我感到很生气，因为我觉得你没有尊重我的意见。我希望我们能坐下来，好好谈谈这个问题。"小莉也逐渐感受到

父亲的改变，经过一段时间的磨合，她和父亲的关系也渐渐有所好转。

父母真正需要掌握的，是在每一次情绪波动时找到平衡点——既不压抑自己的负面情绪，也不放纵负面情绪。通过合理地表达生气的情绪，父母不仅可以释放内心的压力，还能教导孩子学会尊重和理解他人。

在这个过程中，孩子会看到父母并不是一个不会生气、没有负面情绪的超人，他们也有自己的界限。

父母要谨记，情绪表达的方式往往决定了父母与孩子之间的亲疏关系。真正的和谐关系，并非没有生气的情绪，而是运用智慧去处理和表达这些负面情绪。学会合理地表达生气的情绪，让孩子理解父母的负面情绪，每个家庭都能有和谐的氛围，让亲子关系因理解而更和谐，因接纳而更深厚。

2.父母不急躁，孩子更加快乐

在快节奏的现代生活中，父母常常因为忙碌与压力而感到焦虑，有时会不自觉地将急躁和不耐烦的情绪带入与孩子的交流中。有些父母在孩子表达意见时，可能会急于打断，比如说："你别说了，你的想法不对，听我说。"然而，这种沟通方式非但不能有效地指导和帮助孩子，反而可能在长期的交流中抑制孩子的个性发展，削弱他感受快乐的能力。

想象一下，当孩子放学回家，满怀期待地分享一天的经历："妈妈，我今天太了不起了，体育课上跑步，我跑了第一名。"还没说完，妈妈便插话道："那可要继续保持哦，否则其他同学会追上你的。"孩子接着又对爸爸说："爸爸，老师今天表扬我了，小明和小李争吵，差点打起来了，我过去劝架了。"爸爸立刻回应："就你有能耐，在学校管好你自己就行。"父母急切打断孩子，用带有责备的话语作为回应，这样会让孩子感到沮丧和无助。

当孩子带着一天的欢笑、泪水、成就或小挫折回到家中，心中渴望与家人分享时，他寻求的是一个温暖的怀抱、一双倾听的耳朵，获得理解和支持。然而，如果迎接他的是父母急不可耐地打断和一连串的指责，这份纯真的期待瞬间就会被失望取代。

这样的家庭氛围通常会让孩子产生以下几种感受。

（1）沮丧与无助。

孩子的情绪仿佛被一盆冷水浇灭，原本兴奋或激动的心情迅速转变为沮丧。

有些孩子可能会感到困惑，不明白为什么自己期待一天的分享时刻会变成这样。

长期积累的沮丧情绪，可能会让孩子在家庭中感到无助，认为自己的感受不重要。

（2）安全感的缺失。

家庭本应是孩子最信赖的避风港，但如果每次分享换来的

都是批评和指责，这个避风港就会失去其温暖和庇护的功能。

孩子可能会开始怀疑，是否可以在父母面前展现真实的自我，是否自己每一次的尝试和努力都会被认为是不够的。

（3）自我表达能力受限。

为了避免再次经历不愉快的分享，孩子可能会隐藏自己的真实想法和感受，不再主动与父母沟通。

孩子可能会因为害怕被否定而抑制自己的创造力和想象力，不敢展现自己的独特性和个性。

（4）亲子关系的疏远。

长期的沟通障碍可能导致亲子关系逐渐疏远，孩子可能会感到与父母之间存在无法逾越的理解鸿沟。

这种疏远不仅会影响孩子的情感发展，还可能对其社交能力和未来的人际关系产生负面影响。

家庭是孩子成长的摇篮，应当成为他最能自由表达的地方。如果家人都无法包容孩子的真实感受，那他又能在何处寻找接纳自己的空间呢？虽然学校和社会扮演着重要的角色，但家庭的影响却是更为深远且持久的。

孩子的成长是一场漫长且充满挑战的旅程，他真正需要的是陪伴、理解和耐心的引导，而非急躁地催促和无休止的指责。父母们，请从繁忙与喧嚣中抽身，不要被周围的声音和信息所干扰，不再被无形的压力裹挟着盲目前行，调整好自己的情绪，成为孩子成长路上坚实而稳定的依靠。

请记住，父母是孩子成长路上最坚实的后盾，但这需要建立在孩子愿意敞开心扉、敢于表达自我的基础之上。在孩子说话时，父母请不要急于打断，不要急于发表自己的观点，更不要急于批评或发怒。情绪稳定的父母，有助于培养出情绪稳定的孩子，即便面对重大挑战，孩子也能够保持镇定自若，这种从容与坚韧的精神特质能代代相传。所以，父母们，请努力将家庭营造成一个充满爱与包容的温馨港湾，让孩子在这里能够自由地呼吸、勇敢地展翅翱翔。当父母投入更多的耐心、温暖与理解时，孩子将能学会如何感知快乐、如何拥抱幸福。

三、学会给负面情绪按下"暂停键"

情绪拥有无形而强大的力量，无时无刻不在影响着人们的生活。父母时常会因为情绪波动而失去耐心和理智，甚至在愤怒时对孩子大声吼叫。拿破仑有句名言，能控制好自己情绪的人，比拿下一座城池的将军更伟大。这不仅是赞誉，也指出了每位父母在育儿路上面临的挑战——要在情绪风暴中迅速恢复冷静，避免让愤怒和失望的情绪左右自己的行为。

父母需要学会管理自己的情绪，适时按下负面情绪的"暂停键"，更好地理解和支持孩子，成为他成长路上的引导者和

好伙伴。

情绪管理不仅是一门技术，更是一种生活的艺术。当父母学会控制自己的负面情绪，用理解与关爱取代吼叫，便能更加从容地面对生活中的挑战，更有耐心地陪伴孩子共同成长，共同进步。

1. 找到适合自己的情绪管理方法

管理负面情绪，不是简单地压抑或逃避情感，而是与自我和解的智慧。这要求父母具备自我觉察的能力，能够准确地捕捉并理解自己当前的情绪状态，并探寻情绪背后的根源。这种觉察犹如心灵深处的一盏明灯，照亮内心的每一个角落，让自己的行为不再被负面情绪盲目地驱使。

要与负面情绪和谐共处，关键在于找到适合自己的方法。每个人的情绪反应都不一样，这和性格特征、生活经历和成长环境有关，因此不存在一套适用于所有人的情绪管理秘籍。

有些人发现深呼吸和冥想能够给心灵带来宁静；有些人则通过运动释放压力；还有些人通过写作和艺术创作来抒发情感。无论选择哪种方式，关键在于让它成为负面情绪管理的得力助手，成为解决负面情绪问题的最佳方案。勇于尝试、积极探索，寻找那些在情绪波动时能帮助我们迅速恢复平静的有效手段。

一旦找到适合自己的方法，负面情绪管理便不再是难以克服的挑战。父母不必再畏惧负面情绪问题，而是学会与它们"共处"后仍能与孩子保持平和的沟通。

2.遵循事前、事中和事后原则，轻松处理负面情绪问题

在处理负面情绪问题时，父母在与孩子的交流中应遵循事前原则、事中原则和事后原则。

（1）事前原则：预防与准备。

学习知识：父母应主动学习负面情绪管理，通过阅读专业书籍或利用在线资源，系统地学习负面情绪的产生机制、识别技巧及有效的管理策略，为高质量的交流打下坚实基础。

觉察实践：养成记录情绪日记的习惯，关注每日情绪变化及触发因素，提升自我情绪敏感度。同时，也可以通过冥想、瑜伽等方式提高情绪调节能力，为缓解潜在冲突做好准备。

了解情绪：积极参与孩子的日常生活，通过观察、倾听和非评判性询问，深入了解孩子的情绪，包括他的情绪触发点、表达方式及需求，减少因误解导致的冲突。

第一，编写情绪日记。

目的：每天记录自己的情绪变化及触发因素，如"今天因为孩子不按时完成作业而感到焦虑"。

效果：通过持续记录，提升情绪敏感度，准确识别到自己的情绪状态。

第二，冥想练习。

方法：定期冥想，通过深呼吸、放松身体等方式，帮助自己保持内心的平静与专注。

建议：每天选择固定的时间段，如早晨或晚上，进行5～10分钟的冥想练习。

第三，了解孩子的情绪。

积极参与：通过观察和倾听，深入了解孩子的情绪状态。当孩子在分享时，父母应耐心倾听，避免打断或评判。学会使用非评判性询问，比如"你现在感觉如何？""是什么事情让你有这样的感觉？"引导孩子表达自己的情绪和需求。

放学后的交流：父母应主动与孩子聊聊在学校发生的有趣事情，倾听他的分享。

情感支持：当孩子感到难过时，父母可以通过询问"你希望我怎么帮助你？""我能为你做些什么？"来表达支持和理解。

（2）事中原则：识别与调解。

敏锐及时地觉察：在交流过程中，一旦注意到自己或孩子语气发生变化、肢体语言紧张等情绪信号，立即调整交流节奏，让自己冷静下来或给予孩子更多理解。

及时暂停：当情绪紧张升级时，及时按下沟通"暂停键"，例如通过深呼吸、短暂离开现场，或采用"数数字"的方法快速平复情绪，之后再进行理性沟通。

（当孩子不开心时）

询问原因，表达关心："宝贝，是不是遇到了什么让你不开心的事情？愿意和爸爸妈妈分享一下吗？我们可以一起想办法解决哦。"

提出共同解决问题："宝贝，看到你有些难过，爸爸妈妈也很心疼。不过别担心，我们是一家人，一起动脑筋，总能找到解决的办法。你觉得我们该怎么做呢？"

（当双方情绪激动，需要冷静时）

引导彼此进行深呼吸："爸爸妈妈现在觉得情绪有点激动，需要冷静一下。我们一起做深呼吸吧，从1数到50，如果还感到生气，我们再从50数回到1。慢慢数，感受自己的呼吸。你也来试试吧，让心情放松下来，我们再继续聊。"

（父母引导孩子表达情绪）

父母坦诚地表达情绪，同时顾及孩子的感受："宝贝，妈妈现在觉得有些难过，因为看到你似乎有些不开心。但这只是妈妈自己的感受，你愿意告诉我，你现在的心情吗？我们可以用'我感到……'这样的句子来表达。"

父母表达担忧，同时鼓励孩子独立思考："爸爸现在感到有点焦虑，因为你玩到很晚，我担心这样可能会影响你明天的学习。但这是我的想法，我更想知道你的想法。你可以用'我觉得……'这样的句子来表达你的想法吗？"

（3）事后原则：修复与反思。

真诚道歉、修复关系：若父母因情绪失控与孩子发生冲突，应勇于承认错误，向孩子真诚地道歉，并提出具体的和解措施，如共度时光、共同解决问题，以此修复亲子关系，体现责任感。

深度反思与成长：发生情绪冲突后，组织家庭会议或进行个人反思，探讨情绪失控的原因，例如个人压力、沟通方式不当等，制订改进计划，提升情绪管理能力。

共同学习与进步：将每次情绪冲突视为一次成长，与孩子一起回顾、讨论，分享彼此的感受、想法及学到的情绪管理技巧，鼓励孩子也参与制订解决方案，共同提升情绪管理能力。

（道歉时的语气和态度）

务必诚恳：使用"对不起，我们错了"作为开场白，直接且真诚地表达歉意。

明确错误：具体指出错误所在，如"我在没有了解事情真相的情况下责备了你，这是我的不对"。

避免敷衍：避免使用"别哭了""好了好了"等含糊其词的语句，这样可能会显得不够真诚。

承担后果：明确表示愿意承担后果，如"我们会改正，下次一定注意"。

示范表达："对不起，爸爸妈妈在没有了解事情真相的情况下责备了你，这是我们做得不对，我们向你道歉。希望你能原谅我们，以后我们会耐心地听你的解释。"

（反思中的引导与鼓励）

开放式提问：使用"你觉得我们哪些方面做得不好?"或"你有什么建议帮助我们做得更好?"等开放式问题，引导孩子表达自己的看法。

积极反馈：对孩子的意见和建议给予积极的回应，如"你的想法真不错"或"谢谢你的建议，我们会认真考虑"。

共同分析：与孩子一起分析情绪失控的原因，如"可能是因为我们太忙、压力太大，所以没有耐心听你的解释"。

（制订解决方案时的参与感）

共同参与：邀请孩子一同参与制订解决方案，如"你觉得我们应该怎么做才能避免类似的事情再次发生?"

重视意见：认真考虑孩子的建议，并在解决方案中予以体现，如"你提出的建议很好，我们决定以后每周都抽出时间一起交流，了解彼此的想法"。

明确责任：与孩子一起明确各自的责任，如"爸爸妈妈会管理好自己的负面情绪，如果你感到不开心，也要及时告诉我们"。

父母学习管理自己的负面情绪，实际上也为孩子上了一

堂生动的情感教育课。如果父母能在事前敏锐地觉察、事中巧妙地调节、事后深刻地反思，形成一个完整的处理负面情绪的良性循环，孩子也能在潜移默化中学会负面情绪管理的智慧。

通过观察父母的负面情绪产生到最终化解的全过程，孩子逐渐形成自己的情绪调节机制。这种无声却巨大的示范作用，远比长篇大论的说教更有用。它让孩子理解到，情绪管理并非要避免负面情绪的产生，而是在负面情绪出现时，能够从容不迫地用恰当的方法去应对和化解。

四、当孩子与他人发生冲突时，如何轻松地化解矛盾

在人际交往中，我们经常会因为误解、价值观差异、资源竞争或沟通不畅而产生矛盾，甚至是冲突。虽然冲突通常被视为负面情绪，但是它也能成为个人成长的"催化剂"。如何有效解决冲突，避免不必要的对立，并在冲突后寻求共赢，是我们在社会生活中重要的技能。

1.先处理负面情绪，再处理事情

在家庭中，冲突常常伴随着激动的情绪。当激动的情绪主导思维时，父母的行为和决策可能会偏离理性，从而加剧冲突。因此，学会先处理负面情绪，再处理事情，是保持家庭和谐、促进亲子关系健康发展的关键。在遇到事情时，若负面情绪先行，尤其是在家庭亲子关系里，可能会产生以下几种负面影响。

其一是沟通障碍。当父母情绪激动时，他们可能无法清晰地表达自己的想法，这种情况不仅会妨碍解决问题，还可能引发更多的误解和矛盾。

其二是误解和冲突。情绪化的言语和行为容易引发误解，进而加剧冲突。在亲子关系中，这种误解和冲突可能会对孩子的心理健康造成深远的负面影响。

其三是孩子容易模仿。孩子具有很强的模仿力，他可能会效仿父母的情绪化行为，从而影响自己的情绪管理能力。随着孩子的成长，他可能会养成不良的情绪应对机制，难以适应未来的社会交往。

小明（情绪激动）："爸，妈，今天我和小李吵架了，我再也不和他一起玩了。"

妈妈："你怎么又吵架了？肯定是你先惹事的吧！"

　　小明（感到委屈）："妈，不是我先惹事的，是小李误会我了。"

　　爸爸："你自己也有问题，不要总是把责任推给别人。"

　　小明（愤怒）："你们根本不理解我！我不是故意要吵架的。"

　　妈妈（显得不耐烦）："我们每天忙里忙外，还要操心你的事情，你却说我们不理解你。"

　　小明（感到无助）："啊——！说了你们也不懂，不说了不说了不说了！烦死了。"

　　小明在学校与同学发生了争执，回家后情绪激动地向父母倾诉。如果父母以情绪化的方式回应，可能会加剧小明的情绪波动，导致沟通不畅，甚至可能误解小明的本意，影响到亲子关系。具体来说，小明可能觉得父母不理解自己，更加委屈和愤怒；父母可能认为小明在无理取闹，更加不耐烦和生气。双方的负面情绪都可能进一步升级，甚至发生肢体冲突。

　　遇到事情时，先处理好个人负面情绪，再着手解决问题，这对家庭和谐和孩子的成长具有积极的影响。

　　一是避免负面情绪传染。父母若能保持冷静和理智，可以避免自己的负面情绪波及孩子，这有助于孩子形成稳定的情绪状态。

　　二是防止冲突升级。情绪化的处理方式可能会导致冲突升级，而先处理负面情绪则有利于保持冷静，从而更容易找到问题的解决方案。

三是培养孩子的情绪管理能力。孩子通过观察父母处理负面情绪的方式，可以学习到有效的情绪管理和解决冲突的方式，这对他的成长至关重要。

小明在学校与同学发生了争执，回家后情绪依旧十分激动。父母觉察到小明的情绪波动，并表达了他们的担忧："小明，看到你情绪有些激动，我们都很担心你。让我们先冷静下来，再一起谈谈发生了什么事。"接着，父母引导小明进行深呼吸，让小明先冷静下来。

父母鼓励小明表达自己的情绪："小明，你现在感觉怎么样？是生气还是难过？"小明回答："我现在很生气。"父母回应："我们能为你做点什么吗？"

小明情绪稳定后，父母倾听了他的经历，并表达自己的观点："小明，听完你在学校遇到的不愉快事情，我们也感到很难过。但我们更要明白，每个人都有自己的感受和立场，我们要学会理解和尊重。"

最后，他们一起讨论解决方案："小明，你觉得以后怎么做才能避免类似的事情再次发生呢？"小明说："不要在气头上说话，我要先让自己冷静下来，也要等对方冷静下来，然后再进行沟通。"父母也给出他们的建议："主动沟通是个好办法，但也别因为一点小事就让自己不开心。无论遇到什么事情，我们

都会陪着你一起面对。"

遇到问题时，父母应引导孩子打开思路、解决问题。小明不仅掌握了管理自己负面情绪的方法，还学会了如何与他人进行有效沟通和解决问题。在处理事情之前，首先管理好自己的情绪，不仅可以避免因情绪失控而作出错误决策，还有助于建立和谐的人际关系。

在孩子的世界里，发生冲突如同一场突如其来的狂风暴雨。因此，父母应教会孩子如何处理负面情绪和人际交往中的矛盾。

（1）管理情绪。

深呼吸、冷静下来：引导孩子在情绪激动时，通过深呼吸放松身体和平复情绪。

情绪标签：鼓励孩子表达自己的情绪，比如说："我现在感到很生气。"

寻求帮助：建议孩子在情绪激动时找一个信任的人，如老师、父母或朋友，与他们分享自己的感受。

（2）处理冲突。

倾听对方的观点：教育孩子在表达自己的观点之前，先倾听对方的意见，理解对方的立场和感受。

表达自己的感受和需求：鼓励孩子使用"我"字开头的语句来表达自己的感受和需求，而不是指责对方。

寻找共同点：帮助孩子寻找与对方的共同点或共同目标，

以此建立联系和合作的基础。

寻求帮助：告诉孩子遇到自己难以解决的冲突时，可以寻求老师、父母或其他成年人的帮助。

（3）有效的信息管理。

收集事实：父母应教导孩子在处理冲突之前，先了解相关的信息和事实，确保自己清楚地知道事情的整体情况。

筛选信息：帮助孩子辨识哪些是重要信息，哪些是次要的信息，以便集中精力处理关键问题。

记录和回顾：鼓励孩子记录下冲突的关键点、自己的感受和采取的解决方案，以便将来回顾和反思。

（4）培养孩子的情绪管理能力和解决冲突的能力。

角色扮演：与孩子一起体验角色扮演游戏，模拟各种冲突场景，引导他练习情绪管理和解决问题的技巧。

阅读相关书籍：挑选一些适合孩子年龄的情绪管理和解决冲突的书籍，与他一起阅读并讨论。

反思和讨论：在孩子经历冲突后，与他一同反思并展开讨论，了解他的感受和处理方式，并提供指导和支持。

（在冲突中成长）

在一场足球比赛中，小杰和小李为争夺控球权发生了争执。双方在情绪激动的情况下，对话充满了火药味，友谊的小船说翻就翻。

小杰回到家，满脸的不悦和挫败。妈妈注意到了他的异样，

温柔地询问发生了什么事。小杰便一股脑儿地向妈妈倾诉了下午的遭遇，他气愤地说道："明明是我先碰到球的，小李却硬说是他，还说我玩不起、耍无赖，但我没有玩不起，也没有耍无赖，他才是。"妈妈感受到小杰的委屈如同决堤的洪水般涌出，她没有急于评判，而是引导小杰先做几个深呼吸，让他的心情慢慢平复下来，然后问道："你现在是感到生气，还是失望？"小杰说："我有点生气，也觉得事情很不公平。"妈妈温柔地握住小杰的手，继续耐心倾听，并轻拍他的手背表示安慰。

待小杰讲完后，妈妈提议小杰尝试换位思考，想想小李的感受。小杰意识到小李也有他的道理，而且足球运动本来就是大家一起玩的。

第二天，小杰主动找到了小李，说"我们一起聊聊吧"，并且向小李表达了自己的感受："昨天我说话有些冲动，你说我玩不起，我感到很生气，因为我也很想踢球。后来我意识到我们可以制订一个更公平的玩法。"两人坐下来，共同讨论并制订了足球比赛的新规则，最终决定轮流担任队长，轮流选择队员。

经过这场风波后，孩子之间的友谊不仅没有破裂，反而更加坚固了。在孩子的世界里，每一次冲突都是一次宝贵的学习机会。通过冲突，孩子可以学会管理负面情绪、处理人际关系以及寻找解决方案。每一次和解，都是友谊的升华，是孩子成长道路上不可或缺的经验和宝贵财富。

作为父母，应当鼓励孩子勇敢地面对冲突，运用耐心和智慧化解矛盾，让他在冲突中学习成长，在相互谅解和理解中收获友谊。

2.用心倾听，区分事实与情绪

沟通时，情绪化的表达容易产生误解和冲突，因此，父母在与孩子沟通时应保持客观和理性，避免受到负面情绪的干扰，以便做出明智的决策。其中的关键在于区分事实与情绪，明确地表达意图，理解对方的立场，从而减少不必要的争执。父母还应认识到，情绪并非由外界事件直接产生，而是因个人独特的认知和感受而产生，且不同的人在情绪的产生、表达和调节方式上都存在着显著的个体差异。

以我的孩子举例。在他四年级时，不慎丢失了心爱的自行车。得知这件事时，孩子已经受到了爷爷的责备。我之前也多次提醒他要保管好个人物品，但遗憾的是，孩子并没有听从我的建议。

如何区分事实与情绪呢？

孩子并未听从父母的提醒，没有看管好自行车，导致自行车丢失了。这是一个客观的事实。

得知自行车丢失，是因为孩子未听从我的提醒，我感到生气和失望。这是我对这一事实的主观感受。与此同时，孩子经历了复杂的情绪过程，他感到伤心、害怕和自责。

发生这件事后，我们该如何处理呢？

首先，我意识到情绪化的指责和训诫并不能解决问题，更无法让自行车失而复得。因此，我先平复自己的情绪，让自己保持冷静和理智。

其次，引导孩子。自行车丢失是一个无法改变的事实，但孩子可以从中吸取教训，避免类似的事情再次发生。

最后，陪孩子一起解决问题。在我的引导下，孩子提出了三种解决方案：一是在小区业主群里发布寻物启事；二是查看物业监控，寻找线索；三是在小区附近再次仔细寻找。我肯定并支持了孩子的想法，并陪同他一起执行了这些方案。

尽管丢失的自行车未能寻回，但这次经历让孩子理解了情绪管理的重要性。过去，每当遇到棘手的状况，他总是被负面情绪所左右，导致自己陷入慌乱与无措之中。这次，面对自行车丢失这一既定事实，我陪着他处理的过程中，他没有被懊恼、沮丧等负面情绪所困扰。相反，他迅速调整心态，冷静地思考解决方案，积极主动地采取了行动来解决问题。

事实是指客观存在、能够被观察和验证的事件或状态，比如，孩子在这次数学考试中得了80分；而情绪则是个人对这些事实的主观感受和反应，比如，父母对孩子只考了80分感到失望，或是孩子因为没考到90分而感到沮丧。

区分事实与情绪尤为重要。父母应理解孩子所付出的努力与面对的困难，而不仅仅是看到分数就产生情绪化的反应。以理性的态度对待孩子有助于建立更和谐的亲子关系，让孩子健康地成长和快乐地学习。同时，孩子也能学会客观评估自己的表现，养成理性的思考方式。

期末考试成绩公布后，小李的成绩并不理想，家里弥漫着紧张的气氛。尽管父母出于关心，但他们的言辞却很严厉，他们认为小李未能全力以赴，辜负了他们殷切的期望。而小李的心中满是委屈与不解，他深知自己付出了大量努力，日以继夜地温习功课，却未能获得期望中的进步。误解与情绪的碰撞，让一家人的对话最终演变成了不愉快的争执。

事实是：小李的考试成绩不理想。

小李的情绪是：成绩未达到预期，感到失落；认为自己努力的方向不对，深感自责；觉得父母不理解自己，又感到委屈。

而父母的情绪是：对小李的成绩感到失望，期望与现实存在差距；一方面担心小李未来的学业发展，另一方面认为小李没有珍惜学习机会，辜负了父母的期望。

学习是一个持续的过程，并非一蹴而就的。考试结果是一个既定的事实，它反映了小李当前的学习状况，但更为重要的是，小李要从这次考试失利中吸取教训，总结错题，而不是沉浸在负面情绪中。

父母在沟通时应保持冷静，明确区分事实与情绪，避免在情绪化的状态下解决问题。父母应鼓励孩子坦诚地表达在学习中遇到的困难，提供积极的支持与帮助，以及有针对性的建议。

在征得孩子同意的前提下，父母可以与孩子一起制订切实可行的改进计划，定期反馈学习进展和遇到的困难，根据实际情况灵活地调整改进计划。

在成长的道路上，挫折与挑战是不可避免的。当孩子遇到挫折时，如果父母能够区分事实与情绪，给予理解与支持，孩子不仅能够学会自己解决问题，还能增强勇气与自信。

五、父母管理好自己的情绪，孩子将受益一生

1. 接纳情绪，让情绪自由流淌

情绪宛如海洋的潮汐，时而平静如镜，时而波涛汹涌。人们常常被情绪牵引，它仿佛一位信使，不断地向外界传达着人们内心的需求和感受。

当孩子学习成绩不佳、习惯不尽如人意时，父母常常会感到生气和愤怒。这些情绪透露出怎样的信息呢？它反映出父母很在意孩子的成绩，担心孩子的未来。然而，这些担忧和焦虑的情绪也在提醒父母，或许孩子需要更有效的学习方法、更规律的生活作息或是更多的鼓励，而不是一味地责备，损害亲子关系。

真正的爱，源自深刻的接纳——接纳所有发生的事情，接

纳孩子最真实的自我，而不是带着预设的条件和期待去塑造他。

当负面情绪产生时，父母常常本能地压抑它。但是，压抑负面情绪就像两个紧握的拳头相互推挤，只会让负面情绪更加激烈。相反，如果能够学会不去压抑负面情绪，而是接纳它，那么负面情绪就会像停止推挤的拳头，逐渐平静下来。压抑不是解决负面情绪的方法，接纳和理解才是。

在现代社会，许多父母对孩子抱有极高的期望，希望他能够继承并发扬自己的优良品质，并在未来实现非凡的成就。然而，这种期望往往伴随着巨大的压力，不仅对孩子的要求甚高，也给父母带来了心理上的负担。

王女士是一位事业有成的女性，她对女儿小丽寄予厚望，希望女儿能够继承自己的优良品质，将来在事业上有所建树。然而，刚步入初中的小丽学习成绩并不理想，这让王女士备感焦虑。王女士无法接受女儿的平庸，常常因此气得胸闷。女儿也无法接受王女士的情绪化，时而感受到关心，时而又不停说教。因此，母女俩常常因为一些琐事发生争执。

一次偶然的机会，王女士参加了一个亲子沟通工作坊，她在那里领悟到接纳的重要性——接纳孩子，看见女儿本来的样子。通过观察，她发现女儿其实一直很努力，她对画画很有天赋，还会帮忙做家务，这些都是女儿的闪光点。

王女士逐渐明白，过去的焦虑情绪源于自己不能接纳孩子不好的一面。一旦女儿成绩下降、被老师批评、做事做得不尽

如人意时，她就开始着急和担心，这种情绪不断累积，让她愈发觉得女儿表现得不好。

意识到这一点后，王女士尝试接纳小丽的全部，同时也开始接纳自己的负面情绪。当她感到焦虑时，她会向女儿坦白自己的感受，需要一些独处的时间或外出散步来放松自己。这种坦诚和开放的态度让女儿感受到了妈妈的变化，母女之间的关系因此变得更加和谐。

王女士的故事告诉我们，接纳负面情绪有利于构建和谐的亲子关系。

首先，父母需要学会接纳自己的负面情绪。在育儿过程中，父母会遇到各种挑战和困难，产生焦虑、愤怒等负面情绪是正常的，关键在于如何处理这些负面情绪，避免它们影响到亲子关系。王女士通过独处、散步等方式来让自己放松，这是一种有效的情绪管理方法。

其次，父母要接纳孩子的情绪和需求。每个孩子都是独一无二的个体，他有自己的性格、兴趣和天赋。父母应该尊重孩子的选择，理解他的情绪和需求，而不是将自己的期望强加于孩子。当孩子感受到被理解和接纳时，他会更愿意与父母分享自己的想法和感受。

再次，接纳负面情绪还意味着允许负面情绪自由流淌。在亲子关系中，父母和孩子都会经历悲伤、愤怒等负面情绪，关键在于学会表达和接受这些负面情绪，而不是压抑或否认它们。

坦诚地表达负面情绪，可以让父母和孩子更好地理解彼此，增进亲子之间的情感。

最后，作为父母，应该尊重孩子的人生选择，不要试图用自己的标准去衡量孩子的成功与幸福。相反，父母应该给予孩子足够的支持和鼓励，让他在成长的过程中能够充分展示最好的自己。

接纳情绪就是要勇敢地面对自己的内心世界，不再压抑负面情绪，而是将这些情绪视作通往更深层次自我认知的"向导"。

让我们一起学习接纳情绪的六步法。

第一步：自我觉察。

当负面情绪涌现时，先让大脑暂停，深呼吸，然后问问自己："我现在具体是什么感觉？是愤怒、委屈还是失望？"

第二步：有效地表达。

选择适合的方式表达情绪，比如撰写日记、与友人倾诉或与家人沟通。使用"我"字开头的语句，清晰描述自己的感受及事件本身，比如："我感到很伤心，因为……"

第三步：用心倾听。

当家人或孩子分享情绪时，请全神贯注地聆听，避免打断或评判，通过点头、微笑等肢体语言和面部表情表示理解和支持。

第四步：设定界限。

明确负面情绪表达的边界，比如，可以生气但必须避免暴力行为或侮辱性语言。教育孩子也需要设立界限并尊重孩子的情绪表达。

第五步：找到宣泄负面情绪的释放方式。

找到适合自己的情绪宣泄方式，比如运动、艺术创作（如画画、写作）、冥想或大声喊叫等，让负面情绪得以自然地释放。

第六步：撰写感恩日记。

每天至少记录一件当天发生的积极事件或感受，培养感恩的心态，用积极的视角看待生活，增强情绪管理能力。

掌握了这六个简单的步骤，可以更好地接纳自己和他人的负面情绪，让正面情绪在家庭中自由地流淌，营造更加和谐的家庭氛围。

2.父母应努力成为情绪稳定的"园丁"

育儿之路，既漫长又充满挑战，充满了未知。在养育孩子的过程中，父母可能会不自觉地走上不同的道路，成为"木匠"或"园丁"。木匠式的育儿方法是父母以心中的理想模型为蓝图，将孩子视为待雕刻的木材，不遗余力地打磨和修正，期望孩子能完全符合设定好的框架。而园丁式的育儿方式是尊重孩子的本性，顺应自然生长的法则，就像园丁照顾花朵一样，提供充分的养分和细心的呵护，让孩子按照自己的节奏，自由地成长和绽放。

养育孩子犹如在花园中培育幼苗，情绪稳定的父母恰似细心照料的园丁。他们深知每个孩子都是独一无二的个体，潜能和兴趣爱好各不相同。父母不是要将孩子塑造成自己期望的复刻品，而是引导他发掘自己的兴趣，挖掘内在的潜能。在这个过程中，情绪稳定的父母就像坚固的盾牌，为孩子抵御外界的风雨，让他在成长的道路上充满安全感和自信，让他勇于尝试、不断探索。

成长恰似一场铺满"第一次"的漫长征程：第一次蹒跚学步，孩子勇敢地迈出探索世界的第一步；第一次牙牙学语，开启与世界交流的大门；第一次遭遇挫折，孩子懂得了努力不一定能收获预期的回报……情绪稳定的父母，懂得适时放手，允许孩子探索未知的领域，尝试新鲜的事物，在错误中吸取宝贵的教训。珍视孩子的每一段经历，无论结果是成功还是失败，都是孩子成长过程中的宝贵财富，是积累经验、沉淀智慧的基石。

小明刚升入五年级，对航模产生了浓厚的兴趣。为了参加学校举办的航模比赛，他的课余时间都在研究图纸和组装零件，满心期待能在比赛中获得佳绩。

比赛结束后，小明一进家门就径直走进自己的房间，"砰"

的一声关上了门。妈妈敏锐地觉察到他的异样，轻轻敲了敲门，温柔而关切地说道："小明，发生了什么事？先出来吃点水果，放松一下心情。"房间里却一片寂静，没有任何回应。过了一会儿，爸爸也来到房门前，耐心地询问："孩子，有什么事情让你不开心吗？我们可以谈谈。"许久，小明才打开了门，一脸不耐烦地喊道："别问了，我真的很烦！"

父亲拉着小明坐到沙发上，语气温和地说道："小明，爸爸知道你现在可能不想说话，没关系的。但我们真的很关心你，如果遇到不开心的事情，说出来或许会让你好受一些。"小明皱着眉头，低声嘀咕道："我为航模比赛准备了那么长时间，结果却没拿到奖，感觉所有努力都白费了。"

妈妈递上一杯果汁，轻声安慰道："小明，没有获奖心里肯定不好受，妈妈特别理解你。你为这场比赛付出了这么多的时间和精力，结果却不尽如人意，换做任何人都会感到失落和委屈。"小明听了，眼眶微微泛红，带着哭腔说："我觉得自己已经做得很好了，为什么就是不行呢？"

父亲说道："孩子，比赛有赢就有输，这是再正常不过的事情了，比赛的结果并不能完全代表你的实力。你仔细回顾一下准备比赛的历程，你学会了看复杂的图纸，掌握了许多组装的技能，这些都是非常了不起的收获啊。就像你学习跳绳，刚开始总是跳不好，但通过坚持练习，你现在不是跳得既快又好了吗？"

小明垂头丧气地说："可我还是感到很难过，同学们肯定会笑话我的。"妈妈轻轻搂住小明，柔声地说："不会的，大家都知道你付出了多少努力。谁还没经历过失败，我们一起来看看航模，找出问题所在。"

在父母的鼓励下，小明逐渐打开了话匣子。他指着航模的机翼，满脸懊恼地说："比赛时机翼摇晃得特别厉害，我当时太紧张了，没来得及仔细检查。"爸爸温和地鼓励道："儿子，你能在比赛中就发现这个问题，已经非常了不起了。我们一起研究研究，看看怎么解决。"

接着，小明又说起比赛时的紧张情绪："刚开始试飞的时候，我的手抖得非常厉害，许多练习过的技巧都没能施展出来。"爸爸理解地点点头，耐心地说："比赛紧张是很正常的，以后多参与模拟比赛，多磨炼自己的心态，肯定能有所改善。你可以把每次模拟都当成正式比赛，慢慢适应这种紧张感。"

经过一番深入交流后，小明的话越来越多，和父母热情地讨论改进方案。他不再沉浸于比赛失败的沮丧中，眼神里重新燃起了对航模的热爱和对下一次比赛的憧憬，整个人焕发出新的活力，与刚回来时失落的模样截然不同。

从上述的交流中我们可以看出，情绪稳定的父母在孩子遇到困难时，能够发挥重要的积极作用。

（1）保持耐心与温和。

面对小明情绪激动、极度不耐烦的状态，父母始终保持温和的态度，多次耐心地敲门，尝试沟通。他们没有被孩子的负

面情绪所影响，而是给予小明充分的时间和空间来表达内心的想法和情绪，为小明创造了一个安全的环境，让他能够逐渐平静下来。

（2）认真倾听与理解。

父母认真地倾听小明的倾诉，用专注的眼神、亲密的动作和温暖的话语传达对他的理解。当小明诉说比赛失利的痛苦时，妈妈感同身受的回应，让小明真切地感受到自己被重视，为后续沟通和解决问题奠定了基础。

（3）积极引导与支持。

引导小明正确看待失败，让他明白过程中的收获远比结果更为重要，并且充分认可他付出的努力。父母不仅在情感上给予支持，还积极采取行动，与他一起分析航模的问题、探讨改进的方向，帮助小明从失败的阴影中走出来，重新找回信心和动力。

情绪稳定的父母，是孩子成长道路上最坚实的后盾。在孩子面对困难与挫折时，父母的耐心、倾听与引导，能化作一束温暖而明亮的光，照亮孩子前行的道路。父母应努力成为情绪稳定的"园丁"，以爱为养分，以理解为阳光，以耐心为雨露，陪伴孩子按照自己的节奏成长。

练习：情绪管理锦囊，随时随地 让自己保持冷静

A. "4—7—8" 呼吸法

操作：一边吸气一边默数到4，接着屏息默数到7，最后呼气默数到8。

效果：重复几次这个过程，可以帮助你恢复冷静，平复情绪。

B.数数冷静法

操作：当你感到紧张或愤怒时，尝试从1慢慢数到50。

效果：这种方法可以舒缓情绪，让你平静下来，避免做出冲动的决定或行为。

C.转移注意力

操作：做一些你喜欢的事情，比如听听音乐、欣赏风景或玩一个小游戏。

效果：这些可以帮助你将注意力从负面情绪中转移出来，避免负面情绪的积累。

D.记录情绪

操作：准备一张纸和一支笔，把你的感受记录下来。

效果：把负面情绪书写出来，有助于更清晰地梳理

思绪。

E.舒展运动

操作：站起来四处走动，做做伸展运动，或者尝试跳绳。

效果：通过运动刺激多巴胺分泌，从而产生愉悦感。

| Chapter 4 |

父母这样做，孩子学起来既轻松又充满动力

一、把学习这件事交还给孩子

1.学习是孩子的事，但很多时候却是父母在完成

孩子的教育是每个家庭关注的焦点，父母普遍对孩子的学业寄予厚望。但在现实生活中，许多父母不自觉地扮演了孩子学习的"代理人"角色，不自觉地削弱了孩子的内在驱动力，导致孩子对学习失去了兴趣和动力。

出于对孩子未来的关心，父母希望他能够在学业上取得优异的成绩，考入理想的学校，为未来的发展奠定坚实的基础。因此，父母不遗余力地监督孩子的学习进度，从检查作业到课程安排，甚至细致到指导学习方法。然而，在父母严密的"关爱"下，孩子会逐渐丧失自主规划和独立思考的能力，学习会变成一项被动的任务，而非源自内心的渴望。

小明是一名小学三年级的孩子，每天放学回家，他总是带着满心的兴奋和期待，想要与家人分享在学校学到的新知识，或是倾诉自己发现的小秘密。但是，在妈妈的陪读下，这份热情却渐渐熄灭了。

"小明，快去做作业。今天有课文需要背诵，先读三遍，吃完饭再继续；这道题做错了，应该这样做……"妈妈不断地在小明耳边念叨。小明无奈地挠挠头，似乎已经习惯了每一科的学习任务都要经过妈妈的检查。

升入小学四年级后，妈妈给小明安排了更多的周末课程。她告诉小明："这个周末我们去上奥数班，下周是英语提高班，还有钢琴课……"妈妈的规划里充满了对小明的期望，但这些期望却成了小明肩上沉重的负担，让小明感到压力巨大。

"妈妈，我能不能不去上钢琴课？我想和小伙伴们一起玩。"小明多次向妈妈表达了自己的想法。

但妈妈总是回应说："不行，小明，你现在年纪还小，不懂得学习的重要性。这些补习都是为了你的未来，等你长大后就会理解了。"

小明感到很无奈，又无法说服妈妈，对学习的热情逐渐减退。每次完成学校的作业后，还有许多校外作业等着他，他开始对写作业产生抵触情绪。妈妈越是催促，他越是烦躁，甚至和妈妈顶撞起来："我不想写作业了，太多了，为什么要写这么多？我就是做不到。"妈妈非常生气，训斥道："学习是你的事情，如果你不想写作业，谁会来替你做？你必须写完！"

因为学习的事情，家里时常争吵。妈妈也开始反思，是不是自己的教育方式存在问题。

小明妈妈犯了哪些错误呢？

过度干预：小明妈妈对小明的作业进行了详细地检查和安

排，甚至直接给出了答案。这种陪读模式看似用心，实则剥夺了孩子独立思考和自主安排学习的机会。

过度安排：小明妈妈为小明安排了满满的课外补习班和兴趣班，名义上是为了全面发展，实则让孩子感到身心俱疲，不清楚自己到底喜欢什么。

期望过高：小明妈妈对孩子抱有极高的期望，希望他能够全面发展，学习成绩优异。这种期望在无形中给孩子带来了巨大的压力，让他觉得学习是为了满足父母的期望，而不是为了自己。

2.父母适度放手，孩子学习更加轻松

父母之所以过度干预孩子的学习，通常源于自己内心的担忧和恐惧。他们担心一旦放手，孩子就会退步；生怕孩子走错一步，就会影响他的未来。这种焦虑情绪在父母中普遍存在，促使父母不断地干预和操控孩子的学习。然而，这种过度的担忧和控制不仅无法真正帮助孩子成长，反而可能成为孩子发展的绊脚石。

（1）过度干预会导致哪些后果？

内驱力的丧失：孩子原本对未知世界充满好奇，渴望探索和学习，但是在父母的过度干预下，他逐渐失去了这种内驱力，学习变得被动和机械。

兴趣缺失：在安排孩子的学习活动时，父母往往忽视了孩

子的兴趣和特长，导致孩子对所学内容缺乏兴趣，甚至可能产生抵触情绪。

自信心受挫：频繁地纠正错误和过高的期望值让孩子感到自己无法达到父母的要求，自信心受挫，对学习产生恐惧和逃避的心理。

亲子关系紧张：孩子可能因为无法承受压力而与父母产生冲突和矛盾。

学习的内驱力，源自孩子对知识的渴求和对未知世界的好奇心，它是推动孩子主动学习、持续进步的内在动力。然而，当父母过度干预孩子的学习时，这种内驱力就可能会逐渐减弱。孩子开始依赖父母的指导和监督，逐渐失去了自我驱动的能力。他不再是为了满足自己的求知欲，而是为了满足父母的期望和安排。长此以往，学习变得枯燥无味，孩子对学习失去了兴趣和动力。尤其是小升初的关键时期，孩子需要适应新的学习环境，面对更多科目的学习和更强的学习难度，如果还是依靠父母的督促，学习进度将难以跟上，很容易出现厌学的情绪。

要让孩子重燃对学习的热情和动力，父母必须学会放手和充分信任。放手并不等同于放任，而是给予孩子足够的自主权和探索的空间。允许孩子在学习的过程中自由探索、自主决策，培养他独立思考的能力和解决问题的能力。同时，父母也应提供充分的信任和支持，相信他有能力应对学习中的挑战和困难。

总之，学习本质上是孩子自己的事情。父母应该尊重孩子的主体地位，激发他的内在驱动力，让他在学习的过程中不断

探索、不断成长。只有放手与信任，才能让他在学习的道路上走得更远、更稳。

（2）父母应如何适度放手呢？

步骤一：尊重孩子的自主权。

当孩子提出想要自行安排学习时间时，父母可以说："宝贝，你的学习由你做主，爸爸妈妈很乐意看到你自己尝试制订计划。"

当孩子选择了一种学习方法或是一门学习内容时，即使与父母的预期不同，也要予以尊重并鼓励："这个选择很有趣，爸爸妈妈相信你能从中学到很多。"

步骤二：激活孩子的内驱力。

当孩子取得进步时，无论大小，父母都应给予表扬和鼓励："哇，这次你的进步真大，爸爸妈妈为你感到骄傲！"

关注孩子的兴趣和特长，主动为他提供相关的学习资源或机会："看到你对科学很感兴趣，这里有一本关于科学的书，我们一起探索吧！"

步骤三：降低对孩子的期望值。

当孩子没有达到父母的预期时，不要急于批评，而应采取理解并鼓励的态度："孩子，学习如同一场马拉松，它并不是短跑。我们一步一步来，关键在于你在这个过程中学到了什么。"

避免给孩子设定过高的目标，而是与他一起制订切实可行的计划："我们不需要急于求成，慢慢来，享受学习的过程比追求结果更重要。"

步骤四：建立和谐的亲子关系。

父母应多与孩子进行开放式的沟通，了解他的想法和需求：
"今天过得怎么样？有没有什么想要和爸爸妈妈分享的？"

在孩子遇到困难时，提供必要的支持和鼓励："无论遇到什么困难，爸爸妈妈永远是你最坚实的后盾。让我们一起面对，一起解决。"

再以小明的故事为例，通过以上步骤，妈妈应如何做呢？

小明放学回家，满脸兴奋地想要与家人分享学校的新鲜事。妈妈微笑着迎接他回家，并没有像以往那样开启陪读。

"小明，今天学校有什么有趣的事情吗？妈妈也很想听听。"妈妈温柔地问。

小明开始兴致勃勃地讲述，妈妈耐心地听着，不时点头微笑。当话题转向学习时，小明提到了一道令他头疼的难题。

"妈妈，这道题我不会做。"小明有些沮丧。

妈妈没有急于提供答案，而是鼓励他："宝贝，你的学习由你做主。妈妈相信你有能力找到解题方法。如果你需要帮忙或者愿意分享你的解题思路，随时可以找我。"

小明受到鼓舞，继续独立思考那道题目。妈妈则在一旁默默关注，适时提供一些提示。

一段时间后，小明重拾了对学习的热情，他开始享受自己解决问题的过程。

由此可见，父母应该避免过度干预孩子的学习，尊重孩子的独立性和选择权，设定合理的期望值和目标，培养孩子的兴趣爱好，建立和谐的亲子关系。只有这样，才能激活孩子的内驱力，让他养成主动学习的习惯，享受学习的乐趣和成就感。

（3）做到这三点，助孩子轻松学习。

学习是每个孩子生活中的核心活动，如何平衡学习、写作业和玩耍三者的时间是孩子和父母都要面临的挑战。其实，也没什么复杂的诀窍，只用一个简单却容易被忽略的原则：学习时全神贯注、写作业时专心致志、玩耍时尽情放松。

第一点：学习时全神贯注。

在学习的过程中，全神贯注是通往成功的关键。课堂上，注意力分散是效率的大敌，孩子的首要任务是全神贯注地跟随老师的讲课进度。注意力不集中不仅会导致课堂知识吸收不完整，还会在写作业时遇到困难，不得不额外花费时间重新学习，从而影响了学习效率。相反，如果孩子在课堂上保持高度集中，积极参与老师的提问，他不仅能够即时理解课堂知识，而且还能在课后的作业里继续巩固知识点，提高学习效率且获得满足感。因此，上课时认真学习，课后可以节省大量的复习时间，孩子也不会因为上课注意力分散而导致学习效率低下。

在学习的过程中，压力管理也很重要。适度的压力能激发潜能，让孩子更加专注和努力；过度的压力则可能适得其反，让孩子感到焦虑和紧张，甚至出现心理健康问题，从而降低了学习效率。因此，孩子要学会调节压力，保持心态平衡。

（实践策略）

设定学习目标：在每次学习前，让孩子设定具体的学习目标，这有助于保持学习的方向性和动力。

创造良好的学习环境：尽量减少干扰因素，例如关闭电子设备上不必要的通知，保持安静的学习空间。

专注技巧：运用番茄工作法，通过设定时间间隔（例如25分钟学习，5分钟休息）来保持注意力的集中。

积极参与课堂提问：鼓励孩子主动参与学习讨论，增强学习的互动性和参与感。

第二点：写作业时专心致志。

写作业不仅是巩固课堂知识，也是培养孩子独立思考和解决问题的重要途径。因此，在写作业时，孩子应该保持细心和自律的态度。

如果上课没有认真听讲，孩子就需要利用课余时间去弥补之前的不足，这会导致写作业的时间变得紧张，甚至可能需要牺牲复习的时间来赶作业。长此以往，学习节奏就会被打乱，难以跟上。因此，要避免将当前的任务拖延至下一时段，打乱整体的学习节奏。写作业时，孩子要摒弃杂念，避免分心与拖延，专心致志地完成作业，及时巩固课堂所学知识，才能享受无忧无虑的玩乐时光。

写作业之前，首先要明确完成作业的具体要求和目标。其次，合理规划时间。最后，写作业时保持专注，降低作业的错误率。

写作业遇到难题时，不必过度纠结，可以选择暂时跳过，待完成其他题目后再回来解决。这种"及时止损"的策略有助于保持写作业的连贯性和提高效率。同时，在心理上要学会"翻篇"，不因暂时的困难而沮丧，以积极的心态面对繁重的学业任务。记住，只有专注于当下，才能把事情做得更好。

（实践策略）

写作业遇到难题时，不要过度纠结，先标记下来以便后续处理，继续完成其他题目，保持写作业的进度。

学会借助资源，比如解题辅导书、网络教程或向他人请教，及时解决难题。

培养"翻篇"的心态，不沉浸于之前的困难中，而是专注于接下来的学习。

避免自我指责，认识并接受自己的知识盲点，通过坚持学习，取得不断进步。

第三点，玩耍时尽情放松。

与学习和写作业同等重要的是，确保孩子有充足的时间去放松玩耍，这不仅能缓解学习和写作业带来的压力，还能提升孩子的幸福感和保持心理健康。

玩耍是放松身心的重要方式，也是调节学习压力的有效手段。然而，很多孩子在玩耍时却难以真正放松下来，总是担心作业没完成、课堂知识点掌握不牢固等问题，这种焦虑的情绪不仅会影响孩子的玩耍心情，还会在无形中增加心理压力。

玩耍不是消磨时光，而是要得到真正地放松和享受，学会放下学业的压力，全身心地投入到娱乐活动中。这样不仅能够让身体得到充分的休息和放松，还能激发孩子的创造力和想象力，为接下来的学习注入新的活力，以更加饱满的热情和精神状态回到学习中。

德国心理学家沃尔夫冈·苛勒提出一个观点，当大脑处于高压或紧张状态时，认知功能往往会变得局限，使个体难以从多个角度或不同视角审视问题。在这种情况下，思维可能会变得僵化，难以产生新的想法或解决方案。相反，当大脑处于放松状态时，则更容易拓宽视野，接触到与工作或学习没有直接关联的信息，这些信息有时可以为解决问题提供全新的视角或灵感。

压力与放松是两种对立的心理状态。当人们处于压力状态时，会导致应激激素分泌过高，如肾上腺素和皮质醇，使人感到紧张不安，这时就需要放松来恢复心理的平衡。

（实践策略）

在玩耍前，提醒孩子现在是放松和享受的时间，而非学习的时间。

设定明确的玩耍时间，在这段时间里让孩子尽情玩耍，不需要考虑学习或其他事情。

玩耍时间结束后，鼓励孩子简单记录下自己的感受，体会放松与享受的过程。

二、让孩子了解时间去哪里了

1.绘制一个时间饼图，帮助孩子了解时间的安排

孩子常常抱怨时间不够用，无论是学习、写作业还是玩耍，每项活动似乎都在争夺他的宝贵时间。但是，孩子之所以觉得时间不够用，并不是真的没有时间，而是他没有学会有效管理自己的时间。为了帮助孩子更有效地管理时间，父母可以采用一种直观且有效的方法——时间饼图。

时间饼图以圆形的方式展示了一天24小时的任务分配，包括学习、吃饭、写作业、玩耍和睡眠等，让孩子直观地看到自己一天的时间是如何分配的。这种方式不仅能够帮助孩子形成时间管理的概念，还能激发他思考如何更高效地利用时间，提高学习效率。

制作时间饼图分为以下几个步骤。

设定时间范围：与孩子共同决定展示的时间范围，通常选择一天（24小时）作为参考。

活动分类：列出孩子一天里的主要活动，例如上学、吃饭、写作业、玩耍和睡觉等。

时间估算：与孩子一起评估每项活动所需的大致时间。这可能需要一段时间的实践，随着时间分配经验的积累，孩子会更加擅长规划时间。

绘制饼图：使用圆形纸片、画纸或在线工具，根据时间分配比例绘制时间饼图。每块扇形区域代表一项活动，扇形的面积大小表示该活动所占用的时间比例。

标注说明：在每块扇形区域内标注出活动的名称及所占用的时间比例，这有助于孩子更深入地理解饼图的内容。

时间饼图是一种非常有效的工具，它能够帮助孩子直观地了解自己一天24小时的分配情况。通过这种视觉化的展示方式，孩子可以清晰地看到自己的时间花在了哪些活动上，从而更有效地管理时间，提高学习效率，平衡学习与生活。

在制作时间饼图的过程中，可以与孩子一起讨论并调整时间分配，确保饼图内容既符合孩子的实际安排，又能提高孩子的时间管理能力。同时，父母也可以根据时间饼图了解孩子在各个时间段的安排，让孩子有足够的学习、休息和玩耍时间，避免过度劳累。

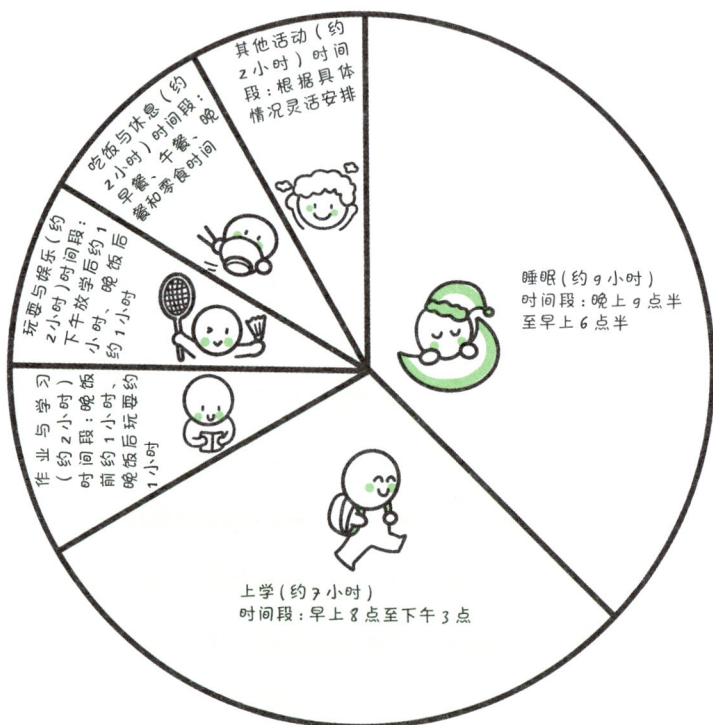

24小时时间分配饼图

2.制订计划表，确保各项任务有序完成

孩子在面对作业时常常感到无从下手，往往是因为一想到堆积如山的作业任务，心中便有一股难以言喻的压力。计划表就像一个高效的外部助手，将脑海中杂乱无章、倍感压力的作业任务逐一梳理，使各项任务变得井然有序、清晰明了。

一个明确、具体的指令，是轻松迈出行动的第一步。比如，现在需要专注地阅读语文课文20分钟。

接下来，让孩子设定清晰的学习目标，让他知道自己想要达到的学习成果，比如提升数学解题能力、加强阅读理解能力等。有了具体且有针对性的目标，就开始制订学习计划，让孩子的思维更加清晰、有序，明确自己每一步的行动方向，从而更加坚定地付诸实践。

有了明确的学习目标和详尽的计划后，父母可以协助孩子设定学习时间以及休息和玩耍时光。接下来的关键就是执行与坚持。在执行的过程中，孩子难免会遇到各种诱惑和困难，比如手机的诱惑、电视的吸引，或是遇到难题。这时，父母的引导变得尤为重要。孩子在学习过程中取得的每一点进步和付出的努力，父母都应及时给予认可和鼓励，让孩子真切地感受到自己的成长和变化，从而激发他的自信心和学习动力。

以月度目标为例。

（1）明确目标并细化每日任务。

在每月初，与孩子共同设定具体、可达成的学习目标，例如撰写4篇语文作文、完成数学练习册的4个章节习题、掌握150个英语新单词等。

随后，将这些目标细分为每日可执行的任务。

语文：每日晨读一篇文章，积累好词好句；每周完成一次作文练习，提升写作技巧。

数学：每日下午放学后巩固复习，进行一次综合练习，确保理解并掌握知识点；每周完成数学练习册中的一节习题，巩固所学内容。

英语：每日晚上学习并掌握5个新单词，聆听并朗读英语课文；每周六进行一次新单词听写，以巩固记忆。

（2）合理安排，优先级排序。

在安排学习任务时，务必平衡学习与休息的时间，确保孩子不会因过度劳累而影响健康。建议每周五为家庭欢聚日，在这一天，可以不谈及学习，专心投入到亲子活动中，让孩子得到充分的休息和玩耍。

此外，根据任务的重要性和紧急性进行优先级排序。例如，在考试前夕，将复习任务放在首位；在日常学习中，则优先完成作业和巩固新知识，再安排预习和拓展学习。

（3）设定奖励，激发动力。

为了激发孩子的学习动力，建议设立短期目标和长期目标的奖励机制。短期目标的奖励可以是完成一周学习计划后的小礼物或特别的家庭活动，例如观看一场电影、外出游玩等；长期目标的奖励则可以是完成月度学习目标后获得的更丰厚奖励，例如购买孩子心仪的书籍、玩具等。

奖励的形式和内容应事先与孩子协商，以孩子的爱好和需求为主，在孩子达成目标后应及时兑现，增加孩子的成就感和满足感。

（4）灵活调整，确保完成。

学习计划并非一成不变，应根据孩子的学习进度和能力适时调整。比如，孩子在某科学习遇到困难，可以适时调整学习计划，增加对该科知识点的复习和练习时间。

鼓励孩子参与调整学习计划，让他提出自己的意见和建议，这不仅能增强孩子的自主学习力，还能培养他的责任感。同时，父母应督促孩子按照调整后的学习计划完成任务，确保学习效果。

（5）定期评估，及时反馈。

定期评估学习计划是了解孩子学习成果和发现潜在问题的重要途径。建议每周或每月与孩子一起回顾学习计划的完成情况，分析学习过程中的优点和不足，共同拟订改进措施。

在评估过程中，父母应重视孩子的情感需求，询问他在学习上是否需要支持或帮助。比如："在学习上，有什么需要爸爸妈妈提供帮助吗？我们可以陪你一起读书、解答问题。"通过与孩子的沟通和收到的反馈，父母可以更好地了解孩子的学习状况，为他提供有针对性的指导。

在学习过程中，父母的角色是引导者和陪伴者，而非替代者。孩子才是学习的主体，父母应鼓励孩子独立思考、主动完成学习任务，培养他的自主性和责任感。

此外，父母应管理好自己的情绪，避免在孩子学习过程中表现出过度的焦虑或急躁。学习是一个漫长的过程，需要耐心和坚持。父母应以平和的心态对待孩子的学习成绩，适时地给

予肯定和鼓励，帮助孩子树立自信，激发他的学习动力，让孩子在快乐中学习，在学习中成长。

我曾经看过一段视频，镜头里，一个泪流满面的女孩满含委屈地向父亲哭诉："爸爸，我已经把所有的作业都做完了，你还要我怎么样呢？"孩子的声音里透露出深深的不解与无奈。

父亲望着女孩，语气平静却难掩一丝无奈："作业虽然完成了，但你可以利用额外的时间再阅读书籍，或者复习一下今天学过的知识点。"

女孩一听，情绪瞬间失控，泪水如泉涌般涌出："你说过，只要我做完作业就可以了！我已经做完了，为什么你还要我做更多？"她的眼神中透露出深深的疲惫与不满。

父亲见状，深吸一口气，努力平复自己的情绪。他走到孩子身边，轻拍她的肩膀，温柔地说："孩子，你的努力我都看在眼里，你真的很棒。但学习不仅仅是为了完成作业，阅读能拓宽你的视野，复习能巩固你学的知识，让你在未来的道路上更加自信。"

女孩抽泣着，抬头望向父亲，眼中充满迷茫与困惑："可我真的很累了，我只想休息一下。"

父亲微笑着，眼神中流露出理解与鼓励："我明白学习很辛苦，但你知道吗？只有通过不断地努力和完成挑战，你才能变得更加出色，拥有更多的选择空间。现在多付出一点，未来就会有更多的收获。"

　　父母对孩子的期望往往是在无意识中增加的，总是在孩子完成一项任务后又希望他做得更多。但是，越早将学习的主动权还给孩子，越是对孩子的人生负责。因此，当孩子制订了学习计划表，并一步步完成目标后，就应该把属于他的玩耍时间还给他，让他自由安排时间。父母只需在旁适时提醒，帮助他更好地完成目标，不要让学习成为孩子的负担。

三、提高孩子的专注力，莫让他做事只有三分钟热度

1.为什么孩子在玩电子游戏时能保持高度专注

　　为什么孩子在玩电子游戏时能保持高度专注？这个问题的答案，需要理解内在动机的概念。内在动机是指一个人从事某项活动是出于他们真正喜欢并享受该活动，而非为了外部奖励或避免惩罚。对于孩子来说，电子游戏提供了诸如刺激的冒险、有趣的角色，以及引人入胜的故事情节等有趣的内容，这些都极大地激发了孩子的内在动机，让他愿意持续投入时间和精力。

　　同时，自我决定理论也为父母提供了宝贵的视角。该理论认为人类有三种基本心理需求：自主性、胜任感和关联性。在电子游戏中，孩子可以自由选择角色、决定行动，这种自主性满足了他的自主需求；通过不断地练习和挑战，孩子逐渐掌握

游戏的技巧，获得了胜任感；与游戏中的其他玩家或角色互动，则满足了他的关联需求。满足了这三种需求，孩子就能产生内在动机，持续地投入到游戏之中。

现在有不少孩子对电子设备产生了依赖，甚至沉迷其中。不可否认，电子设备作为现代科技产品，确实能为孩子提供更加便捷的学习和娱乐途径，但过度依赖或频繁使用电子设备同样会对孩子的身心健康带来负面影响。因此，父母要保持警惕，采取理性的方式，逐步引导孩子减少电子游戏时间并增加学习时间。

首先，与孩子坦诚沟通至关重要。选择一个孩子放松的时间，坐下来进行一场心与心的交流；倾听孩子对电子游戏的看法，父母表达对他的关心，同时提出希望他能在学习与娱乐之间找到平衡的想法；与孩子共同约定电子游戏时间，让他有参与感，这样更易于孩子接受和遵守规则。

接下来，设定具体的目标和时间表。与孩子一起确定每周或每月的电子游戏总时长，并规定每天的游戏时段。比如，可以约定周一到周五下午放学后，先专心学习一小时，然后休息半小时，接着享受半小时的电子游戏时光。周末可适度增加玩电子游戏的时间，但仍优先保证足够的学习时间。

为了让孩子能减少玩电子游戏的时间，父母需要安排丰富的线下活动。通过了解孩子的兴趣爱好，鼓励他参与体育、艺术、科学实验等多种活动，也可以安排亲子共乐的时光，例如一起烹饪、看电影或户外探险，不仅能增进亲子间的感情，还能让孩子体验到电子游戏外的其他乐趣。

设立奖励与激励机制也是有效的方法。当孩子减少玩电子游戏的时间或完成学习任务的小目标时，应及时给予正面反馈和奖励。父母可以设立积分系统，让孩子通过积累积分来兑换奖励。此外，当孩子取得较大进步时，可以举办家庭庆祝活动，让他感受到成就感和认可感，这有助于巩固他的积极行为。

当孩子未能达到预定目标时，父母应保持冷静和耐心，避免使用指责或贬低的言语，比如"我就知道你做不到"或"你一点都不自律"等。相反，应耐心地引导孩子，比如："游戏时间结束了，我相信你可以放下手机。需要我帮你暂时把手机收起来吗？"这样的话语目的是帮助孩子逐步摆脱对手机依赖，而不是打击他。记住，父母的目标是帮助孩子走向成功，而不是强调他的失败。

2.如何克服学习时的拖延行为

拖延症可能是阻碍人们迈向成功的巨大障碍之一，从小学到成年，每个人或多或少都有过拖延的行为。所谓拖延，简而言之，就是推迟完成某项任务的行为。在学习中，拖延行为可能表现为孩子迟迟不愿开始做作业、复习或准备考试内容，往往要等到最后时刻才匆忙应对。这种行为不仅会影响学习效果，还可能增加孩子的焦虑和压力。

拖延行为可能会对孩子的学习产生以下五点不良影响。

其一，学习动力不足：拖延完成学习目标会导致孩子缺乏学习的动力，容易陷入迷茫和无所适从的状态，导致学习效果不佳。

其二，时间管理混乱：拖延行为表明孩子无法有效规划和管理时间，可能会在不重要或无关紧要的事情上浪费时间，忽略了真正需要投入时间和精力的学习任务。

其三，任务堆积和压力加剧：没有设定截止日期，孩子可能会将任务拖延到最后一刻，导致任务堆积。随着时间的推移，未完成的学习任务会逐渐累积，给孩子带来沉重的压力和焦虑。

其四，学习质量下降：匆忙完成作业或"临时抱佛脚"的补习方式，会让孩子无法充分理解和掌握知识，导致学习质量下降，也影响到学习成绩。

其五，自律能力减弱：缺乏目标意识和时间意识会削弱孩子的自律能力，他可能会变得懒散、不专注，逐渐养成拖延的习惯，这对学习和个人成长都是不利的。

小明是一名四年级学生，父母反映他做作业总是拖拖拉拉。每天放学回家，他总是迫不及待地看电视或玩游戏，享受着片刻的轻松和快乐。只有在妈妈多次提醒甚至催促之后，他才会慢慢走向书桌。在做作业的过程中，他频繁地找借口，一会儿要上厕所，一会儿说肚子饿，总是要拖到很晚才能写完作业。

经过了解，小明写作业拖延的主要原因之一是负面情绪，尤其是写数学作业时，他感到极度的厌烦。在他看来，那些数字和公式既枯燥又难以理解。每次写数学作业时，他内心感到焦虑和沮丧，这让他总是想逃避。此外，小明缺乏时间观念，他很容易沉迷于虚拟世界，总认为时间充裕，可以推迟到最后一刻再去写作业。因此，小明经常在深夜赶工完成作业，这导致他睡眠不足，第二天上课时精神萎靡不振，难以集中注意力。

此外，小明的拖延行为也让家庭氛围紧张且压抑。父母多次催促他完成作业，但未见成效，这让父母感到愤怒和失望，亲子关系也因此受到了影响。

帮助小明战胜拖延行为并保持专注也是有策略可行的。

首先，理解并解决情绪问题。

进行深入沟通：父母应与小明进行坦诚的对话，了解他对数学作业厌烦的根本原因。

积极寻求帮助：根据小明的反馈，鼓励他向老师、同学请教，或考虑参加数学课外辅导。

优化学习计划：与老师进行沟通，告知老师小明在数学学习中遇到的具体困难，寻求老师的专业建议，帮助小明找到更适合他的学习方法。

其次，限制电子设备使用时间。

设定时间限制：与小明共同约定电子设备使用时长，例如每天只允许玩游戏半小时或观看电视半小时。

合理安排时间：允许小明在完成作业和其他学习任务后，再享受电子设备的娱乐时间。

再次，保持专注，战胜拖延的陋习。

任务拆解：将大任务分解成一个个小目标。

创造无干扰环境：为小明提供一个安静、整洁的学习环境，减少外界干扰。

番茄工作法：引导小明使用番茄工作法，即专注工作25分钟后，休息5分钟。

积极反馈：每当小明按时完成作业或取得进步时，父母应及时给予正面的反馈。

最后，持续跟进与灵活调整。

定期回顾：父母应定期与小明回顾学习进度，分析原因并调整策略。

灵活调整：根据小明的实际情况和反馈，灵活调整学习计划和时间安排。

鼓励选择：逐步引导小明学会管理时间和分配任务，培养他的自律性和责任感。

几个月后，小明的父母发现小明通过一系列的针对性策略，有效减少了拖延行为，学习时的专注力和效率都得到了提高，人也变得更加自信了。

在学习的过程中，保持专注并持续进步的关键在于将大目标分解为一个个可执行的小目标。当孩子逐一完成这些小目标时，他的大脑会释放多巴胺等神经递质，带给孩子愉悦感和满足感，这相当于对完成目标的即时奖励。正如电子游戏通过即时的信息反馈和奖励机制吸引玩家一样，在学习过程中也需要建立类似的及时反馈系统。

在帮助孩子克服学习拖延这一难题的过程中，父母就是孩子成长道路上的引航者。他们需要敏锐地洞察孩子的内心世界，尊重孩子的兴趣和学习节奏，为孩子量身订制解决方案。

第一，探寻拖延的根源。

主动与孩子进行深入交流，引导他梳理在学习过程中的感受，弄清楚究竟是作业难度过大导致无从下手，还是对学习缺乏兴趣和动力，从而产生拖延。一旦原因明确，就可以协助孩子寻找针对性的解决办法。比如，鼓励孩子遇到难题时向老师或同学请教。

第二，引导孩子规划时间。

协助孩子设定具体的学习开始时间。比如，和孩子商定好10分钟后开始写作业，在这10分钟内，督促孩子立即行动起来，让孩子做好准备工作，如整理书桌、准备学习用品等，以便顺利地进入学习状态。

第三，建立奖惩机制。

和孩子共同制订一个简单明了的奖惩机制。当孩子顺利完成一项学习任务时，给予他期待的奖励，例如一段玩耍时间，允许孩子观看一集喜欢的动漫，或者吃点喜欢的小零食。相反，如果孩子未能按时完成任务，也应执行相应的惩罚措施，例如减少玩耍时间，或者增加一些额外的练习题。通过这种方式，加强孩子对学习任务完成与否的认知，激励他积极学习。

第四，借助外部监督的力量。

鼓励孩子将自己的学习计划和目标分享给同学、朋友或家人。这些外部的监督和关心，能在孩子的学习过程中发挥积极的督促作用。

第五，培养良好的学习习惯。

陪伴孩子养成每日定时学习的习惯。起初，孩子可能感到不太适应，这时父母需要有足够的耐心并提供引导。可以从短时间的学习时段开始，逐渐延长学习时间，让孩子逐渐适应这一节奏。在孩子坚持的过程中，及时给予肯定和鼓励，帮助孩子不断巩固学习习惯，让孩子更自然地进入学习状态，减少拖延行为。

克服拖延难题并非一朝一夕之事，需要父母不断发挥引导作用，为孩子指明方向、给予支持，陪伴孩子逐步养成良好的学习习惯。

四、指导孩子学会制订目标，学习将会更加高效

1.SMART 原则，让目标"落地"

在设定学习目标时，父母常常发现孩子提出过于宽泛的目标，如每天阅读两小时或每天练字两小时。然而，从SMART原

则的角度分析，这些目标往往难以实现。对于孩子而言，在完成日常学习任务后，每天很难再挤出两个小时来阅读或练字，设定过高的目标容易让孩子感到沮丧和压力，这不利于培养良好的习惯。

SMART原则的核心五要素包括：

具体性：目标应清晰明确，避免模糊不清的表述；

可衡量性：目标必须是可量化的，以便评估进度；

可达成性：目标应符合实际情况，确保通过努力能够实现；

相关性：目标应与整体任务保持一致；

时限性：目标必须设定明确的截止时间，保持紧迫感。

引导孩子按照SMART原则设定学习目标，有助于他更清晰地了解自己的能力，并看到自己付出的努力。这种以目标为导向的方法不仅提高了学习效率，还让孩子在学习过程中懂得时间和精力的重要性，并逐渐知道在完成不同目标时所需投入的时间和精力，这也是适应未来社会的重要能力。

许多孩子常常陷入一个误区，将学习视为完成父母或老师布置的任务，而非出于自我需求的提升。正如前文所述，学习应该是孩子自我成长的过程，父母应当帮助孩子不断设定新目标，让他明白学习的目的、内容和方法，这不仅是积累知识的过程，更是自我认知的过程，对孩子的人生成长至关重要。

2.教会孩子制订目标

具体性：让孩子清晰阐述自己想要达成的目标，比如，期末考试数学成绩要达到90分以上，然后将目标分解为若干个小目标或步骤，这样做不仅提高了目标的可实现性，还能让孩子完成每一个小目标后都有成就感。比如，为了实现期末考试数学成绩达到90分的目标，可以设定月考分数作为小目标。

可衡量性：目标应该是可量化的，以便孩子能够清楚地知道自己是否达成目标，也能够持续评估自己距离目标的剩余距离。除了分数，诸如阅读量、背诵的单词数等都可以作为量化目标。例如，孩子设定阅读目标时，如果仅表述为我要多读书，是很难判断是否达成目标的。但如果设定为本月阅读完1本课外书籍，则可以通过实际的阅读量来判断是否达成目标。

可达成性：确保设定的目标是孩子通过努力可以实现的，遥不可及的目标可能会让孩子产生挫败感。例如，要求数学基础不扎实的孩子在一个月内从班级倒数跃升至班级前5名，这几乎是不可能完成的任务，很容易让孩子在尝试后产生挫败感，从而失去信心和动力。如果孩子目前的数学成绩是60分，经过分析，发现他在基础知识部分失分较多，那么可以设定一个更为实际的目标，如下次考试成绩提升10分，这样的目标更容易让孩子达成。

相关性：孩子的目标应与自身的兴趣、优势以及生活紧密相关。当目标与孩子的兴趣点相契合时，他会更愿意投入时间和精力，主动克服困难去完成。比如孩子热爱绘画，那么让他参加绘画比赛并获奖的目标就具有相关性，这不仅能激发孩子对绘画的热情，还能鼓励他不断提升绘画技巧。

时限性：给目标设定一个明确的截止时间，这样孩子就有了明确的时间限制去努力达成目标。

（案例一）

小明是一个小学三年级的学生，他非常喜欢英文阅读。然而，由于词汇量有限，他在阅读文章时遇到了一些困难。为了帮助他提高阅读水平，父母与他一起制订了一个目标：在一个月内掌握150个新单词，并提高阅读速度。

为了实现这个目标，他们制订了以下计划：每天学习5个新单词，并在笔记本上做好记录；在一周的时间里，每天晚上反复阅读同一篇简短的文章，并记录下每天的阅读心得；每周末去图书馆挑选一本小明感兴趣的英文书籍。

（案例二）

小陈是一个小学三年级的学生，为了在数学学科上取得进步，他与父母一起制订了一个明确的学习目标：数学期末考试，把成绩从85分提升到90分。

为了实现这一目标，小陈列出以下学习方案：放学后，专心复习当天所学的数学知识要点，每天坚持半小时；制作一本

错题集，记录下所有的错题及其详解，并定期翻看复习；每周六上午，安排两小时的时间全面回顾本周所学的数学知识点；每月末，完成一套全真模拟考试试卷，检验学习成果；保持乐观的心态，每当有小进步，及时给予自己适当的奖励，以此持续激励自己。

3.设定截止日期，培养孩子的自律性

生活没有目标，就像航海没有指南针。明确的目标能够引导孩子集中精力，专注于关键的事情，避免在海量的信息中迷失方向。目标像一盏明灯，照亮孩子前行的道路，让他在面对困难时能够勇往直前。

目标为孩子提供了一个反馈机制。当孩子朝着目标迈进一小步，不论是复习完一个章节还是考试取得一次好成绩，都是对他努力的肯定，这种正向反馈能够激励孩子继续努力，形成良性循环。

截止日期，就是为完成目标而设定的重要时间点，它为实现目标的过程注入了紧迫感和责任感，提醒孩子合理利用时间，避免拖延，确保在有限的时间内达成目标。

一位大学教授曾做过一个有趣的实验：在假期开始前，他给学生们布置了一篇读后感作业，但并未设定具体的提交日期，只要求在开学前完成。同时，教授也征询了学生们预计完成作

业的时间，大多数学生信心满满地表示计划在一周或两周内完成这项作业。

最后，实验结果出乎意料，绝大多数学生都是在开学前的最后一天匆忙写完读后感。

在缺乏明确截止日期的情况下，人们往往会过于乐观地评估自己的执行力和时间管理能力，不自觉地将任务拖延至最后一刻。

放学回家后，妈妈递给小明一个厚厚的本子。

小明：这个本子看起来好酷啊！上面写了好多内容，这是干什么的？

妈妈：这是送给你的目标计划本，用来记录你要达成的目标，还有为了达成这些目标需要做的事情和截止日期。

小明：哇，听起来好厉害！那我可以在这个本子上写些什么呢？

妈妈：你可以在本子上写下你的长期目标和短期目标，比如提高数学成绩、读完一本书。

小明：然后呢？

妈妈：接着，你可以为每个目标制订执行计划。比如，你的目标是提高数学成绩，那你就可以写下每天要做多少道数学题，每周要复习哪些知识点。

小明：这样啊，那截止日期呢？

妈妈：对，还需要设定截止日期，它会提醒你什么时候得

完成目标，不然就会拖延。比如，你计划用一个月的时间提高数学成绩，那么你就在计划开始的第一天写下截止日期，并在截止日之前完成目标。

小明：听起来真的很有用！我写作业总是要做到很晚，也许我可以试试这个方法。

妈妈：当然可以啊！每次完成一个目标后，那种成就感真的很棒！按照本子里的计划执行，你就能按时完成所有目标，还能让你有时间去做自己喜欢的事情。

小明：我想提高我的语文阅读理解能力，还有按时完成所有的作业。妈妈，你帮我一起来写计划吧。

妈妈微笑着点头："那我们就从设定目标开始吧。首先，你要为提高语文阅读理解能力设定一个具体、可衡量的目标，比如，在接下来的一个月内，每天阅读一篇课外文章，练习解答文章后的问题，把阅读理解答案的准确率提高到80%以上。然后，我们为这个目标制订详细的计划。

"你可以在每天放学后，用半小时的时间阅读一篇课外文章，再用10分钟解答文章后的问题和复习相关的阅读技巧。

"既然目标是在一个月内提高阅读理解能力，那就把截止日期定在30天后，然后每天跟踪进度。你可以每天在阅读完和解答问题后，在目标计划本上打个钩，表示你完成了今天的任务。如果某天你提前完成了任务，那就给自己一点小奖励。如果某天你落下了，第二天一定要赶紧补上，别让自己落后太多。

"一周结束后，我们可以一起来总结，哪些是做得好的，哪些是需要调整的，然后根据这些内容调整你下一周的计划。比如，如果阅读文章半小时不够用，你可以把时间增加到40分钟；如果解答问题的准确率提高了，你也可以挑战更难的文章。"

"太好了，我今天就试试。"小明开始学习制订目标和执行计划，他发现自己不仅在学习上变得更加有条理，而且每次完成一个目标后，那种成就感让他更有自信和动力去迎接新的挑战。

在制订学习目标中，帮助孩子设定截止日期是一种有效的方法。它不仅为完成任务提供了明确的时间节点，还能带来诸多好处。

增强紧迫感：设定明确的截止日期可以避免拖延，从而提升学习效率。

优化时间管理：有助于孩子合理规划任务进度，确保在有限时间内达成目标。

评估进度：通过对比当前的进度与截止日期，能及时发现问题并调整策略。

提供成就感：按时完成目标会带来满足感，激励孩子继续前进。

五、接纳孩子的害怕与无助，
帮助他更好地成长

1.孩子说"我害怕"，是真实表达他的感受

当孩子说"我害怕"的时候，父母首先要认识到，害怕是一种正常的情绪反应，谁都可能会经历恐惧。在孩子表达害怕时，用"你要勇敢""有什么好怕的"等话语来否定他的感受，并不利于孩子情感的健康发展。

有一次与一位老师交流，我提到了儿子夜晚独自去卫生间时感到害怕的事情。尽管儿子已经10岁了，但是当他独处或处于黑暗中时，之前在网络上看到的一些恐怖画面就会不由自主地浮现在他的脑海中，让他感到害怕。他会要求我陪伴，但我总是告诉他：你已经长大了，要勇敢，要学会面对和克服。

与老师交谈的过程中，我中途起身前往卫生间。卫生间位于一条狭窄且光线昏暗的走廊尽头，我的内心不禁掠过一丝害怕和不安，但还是鼓起勇气走了过去。返回后，我心有余悸地对老师讲述刚才的感受，她对我说："即使是成年人，在面对未知或潜在的危险时，也会感到害怕，这是人之常情。"她接着问我："既然你自己都会感到害怕，为什么不能理解并接受孩子表达他的恐惧呢？"

　　这句话如同一记重锤，瞬间击碎了我内心的偏见。他身为男孩，难道就理所当然地拥有无畏的勇气，必须从容应对生活中的种种挑战，而不能被看似微不足道、实则令人心生畏惧的事情牵绊？

　　我豁然开朗，意识到当孩子在表达害怕时，他更需要的是父母的理解和支持，而不是单纯地责备或鼓励。父母应当允许孩子表达他的恐惧，因为恐惧是真实存在的情感体验，不应该被强迫、压抑或忽视。倾听让孩子感到恐惧的事情，理解他的感受，而不是简单地告诉他要勇敢点。真正的勇敢不是压抑恐惧，而是学会如何面对和克服它。

　　在孩子感到害怕时，父母可以采取以下措施。

　　倾听与理解：认真倾听孩子描述令他感到害怕的事情，不要打断或嘲笑他，尝试从孩子的角度去理解他的恐惧。

　　共情与支持：向孩子表达你们理解他的感受，并且会一直在他身边给予支持。

　　探究恐惧的根源：与孩子一起分析导致害怕的原因，了解是哪些具体的事情或环境会让他感到不安。

　　提供安全感：在孩子感到害怕时，陪伴他一起度过那些不安的时刻。

　　虽然恐惧是一种自然的反应，但是父母更希望孩子能够克服恐惧，变得勇敢。以下提供一些建议，旨在帮助父母引导孩

子找到勇气。

鼓励孩子逐步接触并适应让他感到害怕的事情或环境。比如，孩子害怕黑暗的环境，可以从睡觉时开着一盏小夜灯开始，再逐渐过渡到完全黑暗的环境。

父母可以通过自己的行为，为孩子树立勇敢的榜样。

鼓励孩子勇于探索新奇事物，克服内心对未知事物的恐惧。

向孩子传授一些缓解恐惧情绪的方法，比如深呼吸、转移注意力等，帮助孩子在恐惧时保持冷静和自信。

让孩子明白，勇敢并不是不会害怕，而是在害怕时仍然能够坚持前行。不断强大内心的力量和潜能，让孩子相信自己能够克服恐惧。

反复运用上述方法，父母可以帮助孩子逐渐树立勇气，同时也要保持耐心，给孩子足够的时间和空间去成长并战胜恐惧。

2.克服无助感，培养孩子解决问题的能力

在孩子的成长过程中，难免会遇到各种各样的问题和挑战。面对这些问题时，孩子往往会感到无助，尤其是父母也无法提供直接帮助时，孩子更需学会独立地分析和解决问题。为了培养孩子解决问题的能力，我所开设的青少年成长课程引入了问题解决四象限图，旨在帮助孩子系统地分析问题现状，并引导他找到相应的解决方案。

问题解决四象限图是通过两条轴线将空间划分为四个象限。

纵向轴代表有行动和没有行动；横向轴代表有方法和没有方法。
每个象限代表了不同的行动与方法组合。

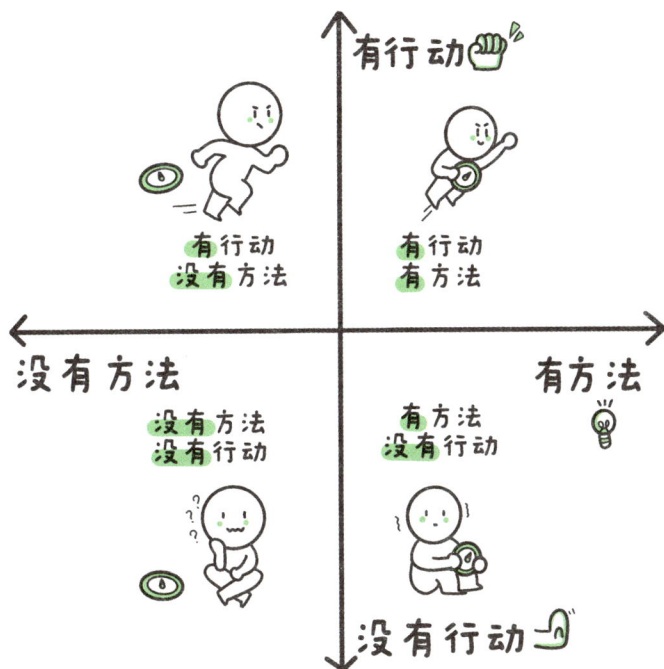

问题解决四象限图

象限一：有行动，有方法。

描述：孩子已经采取了行动，并且已有解决问题的方法。

方法：鼓励孩子坚持行动和运用方法，同时提醒他根据实
际情况灵活调整策略。

象限二：有行动，没有方法。

描述：孩子正在积极尝试解决问题，但尚未找到有效的方法。

方法：引导孩子暂停当前的行动，重新审视问题，寻求新的解决方法。可以鼓励孩子从书籍、网络或他人的经验中寻找灵感。

象限三：没有方法，没有行动。

描述：孩子面对问题时既没有方法也没有行动，完全处于迷茫的状态。

方法：首先帮助孩子梳理问题，明确目标。然后引导他从简单的步骤开始尝试，逐步积累经验和信心。

象限四：有方法，没有行动。

描述：孩子已经找到了解决问题的方法，但尚未付诸实践。

方法：鼓励孩子勇敢迈出第一步，可以设定小目标，逐步推进，同时给予正面反馈。

（小明的学习问题）

数学试卷上总有一些解不出的难题，导致小明的考试成绩不理想。通过分析，父母发现小明常常放弃休息时间不断刷题，但他在解题后从不总结和归纳，毫无章法。遇到难题做错了，他也只是简单查看一下正确答案，没有深入分析做错的原因，也不去思考题目所涉及的知识点和解题思路。因此，下次遇到类似的题目时，他依旧毫无头绪，无从下手。

小明的问题是有学习的行动，但是缺乏方法。对应问题解决四象限图，建议他应暂停无目的地刷题，转变现有的解题思路，寻找更有效的解题方法。例如，参考教学辅导资料，向老师或同学请教，或者参加数学辅导课程等。

（小红的社交难题）

小红在社交场合总感到紧张和不安。交谈时，她的眼神总是闪躲，不敢与对方对视，手脚也显得无处安放。即便脑海中偶尔闪过交流的想法，也会因为害怕说错话而立刻放弃。她并非不愿意和他人建立社交关系，而是不知道如何开启话题，只能默默旁观，不知道如何打破僵局。

小红的问题是缺乏社交的方法，也没有应对社交焦虑的技巧。对应问题解决四象限图，父母应指导她明确社交目标，比如，结交朋友、提高沟通能力等。接下来，鼓励她从轻松、压力较小的场合开始尝试，比如，参加小组活动、与熟人进行简短交流等。此外，父母还可以教她学习一些社交技巧，比如，保持微笑、倾听他人说话、如何缓解谈话时的紧张情绪等。

练习：家庭分享会

从分享中找到成就感，增进彼此间的联系。举办家庭分享会，让每位家庭成员都能感受到被重视和尊重，在彼此的故事中汲取力量和勇气，共同缔造更多美好的回忆。

A.营造氛围

选择一个安静、温馨的家庭环境，可以点燃香薰或播放轻音乐来放松心情。

确保所有家庭成员都坐得舒适，有足够的时间倾听和分享。

B.简短介绍

在活动开场时，召集人简洁地介绍活动目的："今晚，我们聚在一起，共同分享那些让我们感到自豪和充满成就感的时刻。"

C.故事选择

挑选一个最令你激动、最具有启发性的故事来分享。

列出故事的开头、发展、高潮和结尾的文字提示，确保讲述时条理清晰。

D.活动分享

描述故事发生的背景，包括时间、地点和涉及的人物。

　　详细描述你当时面临的挑战以及内心的感受，比如，恐惧、焦虑或迷茫。

　　讲述你是如何克服这些挑战的，包括采取的行动、付出的努力和坚持的信念。

　　描述你克服困难、实现目标时的感受，比如，当时的情境、周围人的反应、自己的感受等。

　　分享你从中学到的经验、教训或人生智慧，比如，对个人、家庭或未来的影响。

E.活动交流

　　鼓励家庭成员分享他们听完故事后的感受，比如，对故事的看法、是否受到了启发或有无类似的经历。

　　可以针对故事中的特定情节展开深入讨论，比如，如何克服困难、如何保持动力等。

F.活动结束

　　活动召集人简短总结这次家庭分享会的感受，强调分享和交流的价值。

Chapter 5

夫妻关系和睦，孩子更加自信乐观

一、夫妻间的争吵对亲子关系的影响

　　家庭是孩子社会化的第一个舞台，一个和谐的家庭环境宛如肥沃的土壤，滋养着孩子的心灵，有助于他建立自信，学会调节情绪，积极应对生活中的各种挑战。相反，一个争吵不断的家庭环境则如同密布的阴霾，笼罩在孩子成长的道路上，不仅会影响他的情绪，还会阻碍他社交能力的发展。

1.父母之间的争执会对孩子产生影响吗

　　家庭是孩子成长的重要环境，父母是孩子最初的老师。父母的言行举止，尤其是他们处理冲突的方式，对孩子有着深远的影响。社会学习理论认为，孩子会通过观察他人的行为来学习，并在日常生活中进行模仿，这将对其行为、情绪、学业和社交产生一系列影响。

　　行为问题：生活在父母经常吵架环境中的孩子，更容易出现攻击性、反叛或退缩的行为。他可能会习惯用争吵来解决问题，而非寻求和平的沟通方式。

　　情绪问题：孩子可能会出现情绪调节困难，更容易产生焦虑、抑郁或愤怒等负面情绪。他可能无法有效地处理自己的负面情绪，导致情绪波动大，影响心理健康。

　　学业影响：家庭里时常发生争吵，可能会让孩子在学习时分心，注意力不集中，长此以往，孩子对学习的兴趣和动力可能会逐渐减弱。

　　社交障碍：经常目睹父母争吵的孩子可能会感到更加孤独，难以建立健康的人际关系，影响他的社交能力和团队合作精神。

　　若父母频繁地发生争执，并且情绪激动或大声吼叫，孩子很容易将这种行为模式内化为自己的应对方式。换句话说，孩子可能会认为，遇到问题或挑战时，通过大声吼叫或爆发情绪是解决问题的有效途径。这种学习过程通常是无意识的，孩子可能并没有意识到这是模仿父母的行为。然而，随着时间的推移，这种行为模式可能会固化，影响到孩子与他人的关系以及处理冲突的方式。

　　父母应尽量避免在孩子面前发生争执，如果无法避免，也应尽量保持冷静和理智，以和平的方式解决分歧。同时，父母应关注孩子的情绪变化和行为表现，一旦孩子出现心理问题或躯体化障碍，父母应寻求专业的心理咨询和治疗。

　　父母应意识到争吵行为可能会对孩子产生巨大的负面影响，主动改变处理矛盾的方式，为孩子树立解决问题的榜样。

小明原本是个活泼开朗的孩子，但最近一段时间，老师注意到小明在学校变得容易发怒且好斗，经常与同学发生争执。在课堂上，他也难以集中注意力，时常分心或干扰其他同学，导致人际关系变得紧张。

经过深入了解，老师发现小明行为改变的根源在于他的家庭环境。小明的父母经常因琐事发生争执，甚至有时会在小明面前失控地吼叫。起初，小明还会尝试劝解父母，但随着时间的推移，他逐渐感到自己无力改变现状，最终选择了逃避——每当父母争吵时，他就会默默地关上门，将自己封闭起来。

父母之间的争执不仅影响了小明的情绪，更对他的心理造成了伤害。他的内心充满了焦虑和不安，担心父母会离婚，以及自己将跟随父亲还是母亲。长期的焦虑和压力导致小明情绪波动大，时常无缘无故地发脾气或哭泣。

无法集中注意力听课和按时完成作业，导致了小明的学习成绩下滑。同时，在社交方面，小明也遇到了前所未有的困难。由于情绪不稳定和行为上的问题，他在与同学相处时显得格格不入，无法融入集体活动。

随着小明的行为问题和心理困扰日益严重，小明的父母终于意识到他们的争吵给孩子带来了巨大伤害，开始反思自己的言行并积极做出改变。他们开始学习倾听对方的意见和需求，尊重彼此的思维差异，并努力寻找共同点来解决问题。尤为关键的是，他们不会在孩子面前争吵，努力为孩子营造一个和谐而稳定的家庭环境。

同时，父母也加强了与小明的沟通和互动，给予他关心和支持。他们鼓励小明积极参与课外活动，帮助他建立自信和恢复社交关系。

在父母的共同努力下，小明也逐渐有了变化。在课堂上，他的注意力变得集中，学习成绩也有了明显的提高。与同学的关系也逐渐缓和，他重新尝试融入集体活动，结交新朋友。更重要的是，小明内心的焦虑和不安逐渐消散，取而代之的是对未来充满了希望和憧憬。

小明的转变向各位父母展示了家庭环境在孩子成长过程中的重要影响。父母间发生矛盾时，应该勇敢地正视问题，并积极寻求理性的解决方案，而不是争吵，从而为孩子树立起榜样。

2.夫妻间多拥抱，让爱流动起来

在解决孩子的问题和家庭琐事时，许多父母习惯于用讲道理或者争吵来沟通。其实，在与亲密爱人或孩子相处的过程中，试图讲道理往往不是最佳策略。很多时候，当对方倾诉时，他们真正需要的不是逻辑严密的分析，而是情绪的释放和被理解的感觉。

在日常生活中，那些因误解或沟通不畅而引发的小争执之所以会升级，往往是因为双方在情绪冲动时失去了理性，将小

事吵成了大事。当对方表达情绪困扰时，一个温暖的拥抱如同春风化雨，能够迅速缓和紧张的气氛，让矛盾大事化小，小事化了。

在夫妻关系中，相互"被看见"是至关重要的。因此，在伴侣倾诉时，最好的回应不是在言语上争个高低，一个拥抱可以化解许多不必要的误解与隔阂。拥抱，这种简单直接的身体接触方式，无需言语，却能瞬间拉近心与心的距离，传递温暖与关怀，维系更加亲密的夫妻关系。

在家庭中，一个真诚的拥抱能够安抚孩子心中的恐惧与不安，让他有面对困难的勇气；当伴侣间产生分歧时，一个温暖的怀抱能平息怒火，让双方重归于好。

李华和王兰是一对在琐碎生活中渐行渐远的夫妻，两人常因小事发生争执，甚至多次提到离婚。在决定分道扬镳之前，他们决定寻求咨询师的帮助。咨询师给出一个建议：在接下来的一个月里，每天给对方一个拥抱，不要有任何争执或不满的情绪。

起初，他们认为这个建议只是权宜之计，但随着时间的推移，李华和王兰在每天的拥抱中逐渐找回了彼此间的温暖与依赖。这种无声的拥抱，成为他们情感交流的纽带，让他们在不言中感受到对方心中的不舍与渴望。

一个月的时间转眼即逝，最后一天的拥抱结束时，李华鼓起勇气说："再给我们彼此一个机会，重新开始，好吗？"王兰含泪点头，两人在拥抱中重拾了久违的默契与勇气。

　　这个故事简短却蕴含深意：在现代生活中，我们往往被琐事困扰，以至于忘记了如何表达爱意，如何用行动维护珍贵的夫妻关系。争吵、冷漠、伤害……这些负面情绪与行为只会让夫妻关系越来越疏远。要想经营好夫妻关系，海蓝博士提供了三个秘诀：和颜悦色、柔声细语和搂搂抱抱。

　　和颜悦色：在和伴侣相处时，应始终保持亲切、友善的态度。无论外界环境如何喧闹，走进家门后，我们都应展现最美好的一面，让家成为温馨的港湾。

　　柔声细语：夫妻在交流过程中，应用温和的语气，避免使用带有攻击性的言语。保持冷静的沟通态度，减少误解和冲突。

　　搂搂抱抱：身体接触是表达爱意的重要方式。一个简单的拥抱，可以瞬间拉近彼此的距离，传递温暖和力量。平日里，不妨多一些亲密的肢体接触，让爱在日常的拥抱中流淌。

　　爱的"三不要"：

　　不要指责：面对问题时，夫妻应齐心寻找解决方案，而不是互相指责。指责只会加剧矛盾，只有共同面对，携手寻找解决办法，才能让夫妻关系更加稳固。

　　不要抱怨：生活中难免会遇到不如意的事情，抱怨并不能改变现状。夫妻应当学会接受现实，积极调整心态，用乐观的态度面对困难，共同创造更美好的生活。

不要发泄情绪：情绪管理是维护家庭和谐的关键。当感到愤怒或沮丧时，应避免将负面情绪发泄到伴侣身上。可以向伴侣表达自己当前的情绪状态，避免双方在情绪激动时加剧矛盾，做到"有情绪，不乱发"，共同守护家庭的温馨与安宁。

家是一个温馨的港湾，夫妻间多拥抱，让爱流动起来，一个简单的拥抱可以传递出无限的爱和支持，有助于缓解紧张的情绪，增进彼此之间的信任和理解。用爱的力量去化解家庭中的每一个小矛盾，让和谐成为家庭的主旋律。将大事化小，是智慧的体现；将小事化了，则是幸福的秘诀。

二、先经营好亲密关系，然后才是亲子关系

1.在婚姻里，最理想的相处模式是彼此不施加控制

在寒冷的冬夜，两只刺猬试图相互依偎取暖来抵御严寒。然而，它们身上的尖刺却成了彼此靠近的障碍，每一次尝试靠近都伴随着刺痛。但这两只刺猬并未因此放弃，它们开始寻找一种既能相互温暖又不会互相伤害的方式。经过一番努力，它们终于找到了一个恰到好处的距离，既能够感受到对方的体温，又不会被对方的刺所伤。

在某种程度上，这个故事恰如其分地映射了婚姻中的两个人。每个人都有自己的性格、习惯和思想，这些独特的"刺"，在不经意间可能成为伤害对方的武器，让原本应该充满爱与温暖的婚姻关系变成互相伤害。

婚姻中的两个人，应当像那两只刺猬一样，学会放下一些固有的观念和习惯，学会倾听、理解和包容对方。婚姻不是一场谁对谁错的较量，而是一场共同成长、相互扶持的旅程。

在某档综艺节目中，一位嘉宾凭借其独到的见解和丰富的经验，为观众揭示了婚姻长久的秘诀。她认为，婚姻里确实需要忍耐，但这份忍耐绝不是单方面的。或许你认为自己在默默忍受着对方的一切，却没意识到对方也在忍让你。不要总是认为自己是那个容易相处的人，婚姻中的双方，都在不断地适应与调整。她说从去年到今天，自己都经历了无数的变化。既然连自己都在不断变化，又怎能要求对方保持不变呢？你可以坚守自己的原则，不必为了迎合他人而改变自己，但你必须学会接受对方的改变。

在婚姻关系里，最完美的相处模式就是相互不施加控制。这不意味着放任自流，而是一种更高层次的信任与尊重。真正的爱情，从来不是束缚，而是鼓励彼此成为更好的自己。

有这样一句话：即便再恩爱的夫妻，一生中都有200次想要离婚的念头和50次想要掐死对方的冲动。这句话揭示了婚姻真实而复杂的一面，但它并不是说婚姻出现了根本性问题或是爱情已经消逝，而是说明婚姻中不可避免地会出现困难与摩擦，

考验的是双方的耐心、包容和沟通能力。更关键的是，面对这些挑战，夫妻双方要携手共进，共同跨越难关，让婚姻关系更加牢固。

多一分倾听，少一分指责；多一分支持，少一分要求；多一分理解，少一分抱怨；多一分鼓励，少一分批评；多一分感恩，少一分挑剔；多一分沟通，少一分误会。

2.父母的幸福，孩子能感受到

2002年诺贝尔经济学奖得主、著名的认知心理学家丹尼尔·卡尼曼提出的幸福四要素，揭示了幸福的内在结构。首先，总体幸福感，它是对生活状态的基本满意程度，包括健康、兴趣与满意的亲密关系。其次，快乐的性格，它表现出跨情境与跨时间的一致性和稳定性，喜欢社交，对未来充满向往和期待。再次，积极的情绪，尽管生活中难免会有负面情绪，但有些人即使在逆境中也能感受到幸福，他们心怀感恩、同情与敬畏。最后，愉悦的感觉，它源自对喜爱事物的追求与自我价值的实现。

父母是孩子成长道路上的引路人。他们的每一句话、每一个动作，都在影响着孩子的世界观和价值观。父母对待婚姻的态度、追求幸福的举动，更是孩子人生道路上重要的一课。

人们常说，父母的幸福，孩子能够感受到。在家庭里，孩子就像一面镜子，反映出父母对生活的态度。当父母用爱与理解共同经营婚姻，用积极乐观的态度面对生活中的困难时，孩子是能感受到幸福与温暖的，也能让孩子学会如何去爱、如何创造自己的幸福。

相反，如果婚姻里充斥着抱怨与指责，夫妻在面对困难时选择逃避和推诿责任，那么孩子也会受到负面影响。他会变得消极、孤僻，甚至对未来失去信心。父母的言行、对待人和事物的态度、处理问题的方式，是孩子最直观的教科书。因此，父母应该时刻注意自己的言行举止，用榜样的力量引导孩子，让孩子感受生活的美好与希望。

边界、支持、信任、包容、理解，这五个关键词是维系夫妻关系、构建幸福家庭的基石。

边界，是指婚姻关系中尊重彼此的界限，夫妻双方都能享有个人空间、时间以及隐私权，这意味着在婚姻中，也能保持个体的独立性与自我认同。

支持，是婚姻里的力量源泉。夫妻双方应当成为彼此最坚实的后盾，一句鼓励的话语、一次及时的帮助，都能让对方感受到温暖与力量。

信任，是婚姻的基石。夫妻关系中的信任如同一座桥梁，让彼此愿意相信对方的承诺和决定，即使面对逆境，也能携手同行，无惧挑战。

包容，为婚姻增添了一抹温柔。接纳并尊重彼此的差异和不足，用一颗包容的心理解对方，化解婚姻中的每一次摩擦。

理解，是婚姻中不可或缺的灵魂。通过倾听、沟通和共情，走进对方的内心世界，感受对方的喜怒哀乐，建立更深厚的情感纽带。

总之，一个幸福的家庭对孩子的成长具有深远的影响。在这样的家庭氛围中，孩子能够收获安全感，得到情感支持，掌握社交技能，塑造正确的价值观，建立自尊心与自信心，学会应对压力，拥有积极的生活态度。这些宝贵的品质与技能，将伴随他走过人生的每一个阶段，成为他成长路上的宝贵财富。

三、夫妻双方如何达成育儿共识

1.既是夫妻，亦是盟友

夫妻不仅是生活的伴侣，更是共同养育孩子的盟友。然而，育儿之路并非坦途，许多家庭常因教育理念的不同而产生分歧，有时甚至演变为对立。

比如，一方认为另一方溺爱孩子，而另一方则认为对方过于严厉。这种矛盾不仅让家庭氛围变得紧张，也给孩子带来了巨大的心理压力和困惑。孩子不知道应该听从谁的意见，这种不确定性让他感到无所适从。

父母育儿的初心，应当始终围绕着孩子的健康与快乐成长。

然而，随着孩子逐渐长大，社会的标准和期望往往会对父母的教育方式产生影响。父亲和母亲在育儿观念上可能存在差异，有的强调学习成绩，有的则更注重孩子的身心健康。这些差异本身并无对错之分，关键在于夫妻双方能否心平气和地沟通，找到一个彼此都能认同的平衡点。只有这样，夫妻双方才能形成统一战线，共同为孩子的成长保驾护航。

夫妻双方如何在育儿问题上达成共识，避免因意见分歧而引发争执，让孩子在和谐的家庭氛围中健康成长呢？

张先生和李女士是一对年轻的父母，对孩子的教育问题一直颇为重视。然而，随着孩子的成长，两人在育儿方式上的分歧也日益凸显。张先生倾向于严格管教，希望孩子能够早日学会独立；而李女士则更注重孩子的情感需求，希望给予孩子更多的关爱与陪伴。这种分歧一度让两人陷入争执，不仅影响到夫妻间的感情，也让孩子感到无所适从。

为了改变这一现状，张先生和李女士决定实施一系列措施，以达成育儿方面的共识。首先，他们审视了自己作为父母的育儿初衷，两人发现，虽然他们的育儿方式存在分歧，但共同的愿望是希望孩子能够健康快乐地成长，成为一个有责任感、有爱心的人。

接下来，张先生倾听了李女士对孩子情感需求的担忧，对她的坚持表示了理解；同时，李女士也理解了张先生对孩子的期望，以及他希望通过严格管教来培养孩子独立性的良苦用心。

这种深入的沟通增进了他们之间的相互理解，并为达成共识奠定了基础。

在共同决策的过程中，张先生和李女士不再是一方发号施令、另一方被动服从，而是共同参与、共同商议，他们根据各自的优势分配在育儿角色中的职责。张先生负责辅导孩子学习和制订规则，而李女士则多关注孩子的情感需求和兴趣培养。这种明确的分工不仅让两人都能发挥自己的专长，也让育儿工作变得更加高效和有序。

通过沟通与相互理解，张先生和李女士不仅达成了育儿共识，还学会了相互尊重、相互支持，让孩子在和谐的家庭氛围里逐渐成长为一个健康、快乐、有责任感的人。

2.遵循五步策略，有效达成育儿共识

父母如何有效地达成育儿共识，可以遵循以下精简而实用的五步策略。

（1）明确共识，共筑愿景。

父母一起回顾并明确对孩子的期望和长远目标，这将成为育儿旅程中的"指南针"。正像张先生和李女士那样，明确自己希望孩子成为什么样的人，这有助于父母找到共同的出发点。

（2）认真倾听，理解彼此。

父母要保持开放的心态，进行深入的沟通，学会倾听对方

的观点，理解彼此的想法，这是解决分歧的关键一步。

（3）共同决策，分工合作。

在育儿问题上，父母应共同决策，避免单方面作出决定。根据各自的长处和孩子成长的需求，合理分配育儿任务。比如，一方更多地关注孩子的学业和素质教育，另一方则专注于情感陪伴和兴趣培养。

（4）灵活调整，寻求支持。

育儿是一个充满不确定性的过程，需要定期评估效果，并根据孩子的成长及时调整教育策略。当遇到难题时，不妨主动寻求外部的帮助，如亲友、育儿专家或专业书籍，从而获取更全面的视角和更优的解决方案。

（5）保持一致，相互尊重。

在孩子面前，父母要保持一致的态度，避免带给孩子困惑。即使在育儿方法上存在分歧，也要学会在私下里冷静解决，避免在孩子面前发生争执，为孩子营造一个和谐稳定的家庭环境。

四、快乐的家庭培养出自信乐观的孩子

1.家庭氛围好，孩子的性格自然会更加积极向上

家庭，是孩子成长的第一所学校，而家庭氛围便是这所学

校里无形且深刻的教材，滋养着孩子的内心，塑造他的性格。良好的家庭氛围，不仅为孩子的健康成长创造了条件，也是他自信、乐观、善良的来源。

在充满争执与冷漠的家庭氛围中，孩子容易缺乏安全感，长期处于紧张、焦虑的状态，这可能导致他性格变得孤僻、自卑，甚至产生攻击性。比如，经常目睹父母激烈争吵的孩子，在社交场合中往往容易退缩和胆怯。常常感受不到父母疼爱和关心的孩子，可能会缺乏安全感。相比之下，生活在温馨、和谐的家庭氛围里的孩子，能感受到爱与关怀，内心充满安全感，更容易培养出乐观、开朗、自信的性格，他会更愿意主动与人交往，展现出积极向上的生活态度。

我认识的一位老师，她的孩子在我们眼中是典型的"别人家孩子"——成绩优异，性格温和，乐观且积极向上。在一次聚会中，大家好奇地询问她是如何培养出这样优秀的孩子。她微笑着说："我和我先生的相处之道，除了互相尊重与理解，日常生活中的仪式感也是必不可少的。就拿结婚纪念日来说，不管工作多忙，我们都会提前安排好时间，一起享受一顿浪漫的晚餐，回忆相识相恋的点点滴滴，聊聊这些年的生活感悟。有时孩子也会参与进来，亲手制作一张小卡片，送上他的祝福。这种家庭仪式感，不仅让我们的夫妻感情越来越深，也让孩子感受到了家庭的温暖。"

在孩子的学习上，他们也有一套独特的教育方法。有一段时间，孩子在数学学习上遇到了困难，面对作业里的难题总是束手无策，自己也很沮丧。在这种情况下，夫妻俩没有一味指责孩子的成绩不好，而是与他一起分析原因。他们发现孩子对某些数学概念的理解不够透彻，于是寻找各种有趣的数学科普视频，还购买了数学益智玩具。每天晚上，他们都会抽出时间陪伴孩子一起完成作业，遇到难题时，他们耐心指导，而不是直接提供答案。慢慢地，孩子对数学的兴趣逐渐增强，成绩也得到显著提升。

还有一次，孩子在学校被老师误解，他感到特别委屈，回家后不断抱怨不想上学了。夫妻俩知道后，首先安抚他的情绪，鼓励他详细地讲述事情的经过。然后告诉孩子："既然东西不是你拿的，被误解肯定很难受，但逃避不是解决问题的办法，我们可以一起想办法。"第二天，夫妻俩陪着孩子一同前往学校，与老师心平气和地解释整个事件。老师了解真相后，也向孩子表达了歉意。这件事让孩子明白了，遇到问题要勇敢地面对，有效的沟通是解决问题的关键。

听完她的分享，我深刻体会到，良好的家庭氛围，其价值远超过任何一所学校，家庭的每一个细节都在潜移默化地影响着孩子。要想孩子成为内心强大、阳光快乐的人，父母应当用心经营家庭，用爱和智慧为孩子搭建一个温馨的避风港，让他在爱的滋养中茁壮成长。

2.如何营造和谐、轻松的家庭氛围

设想一下，当你走进家门，将所有的烦恼都留在门外，迎接你的是快乐、爱和温馨，这样的家，就像一个魔法世界，带给家人无尽的慰藉与力量。然而，营造这样的家庭氛围并非靠魔法，而是需要每个人的努力与付出，虽然过程并不复杂，却需要用心经营。

每天抽出一点时间，一家人聚在一起，分享日常生活的点点滴滴，倾听彼此的心声。无论是孩子在学校的小趣事，还是父母在工作中的困难或收获，都可以增进情感交流。这样的氛围不仅拉近了家人之间的距离，也教会孩子如何表达自己的情感，父母也在倾诉中释放了压力。

一起动手做饭、观看电影、参与游戏活动……这些事情不仅让孩子在玩耍中学会合作与分享，也让父母在欢笑中暂时忘却了疲惫。在烹饪的过程中，大家各司其职，共同完成一顿美味的晚餐；看完电影后，各自分享对剧情的看法和感受；在游戏中，大家一起体验团队合作的乐趣。

学会欣赏和尊重彼此的差异。无论是孩子的奇思妙想，还是大人的独到见解，都值得被倾听。在这样的环境中，每个人都能自由地做自己，畅谈未来，不用掩饰，也不用有顾虑。

一句俏皮话、一个搞笑的动作，都能让家中瞬间充满欢乐的气氛。父母可以用幽默的语言化解家庭中的小矛盾或尴尬时刻，让孩子在轻松愉快的环境中成长。

那么，如何在家庭中轻松营造和谐的氛围呢？关键在于父母的智慧与态度。

首先，父母要学会管理自己的情绪。面对工作和生活的困难与压力，父母应保持冷静与理性，避免将负面情绪带回家中。遇到不如意时，不妨先深呼吸，调整情绪，冷静下来再面对孩子与家人。

其次，鼓励坦诚沟通。家庭应是一个无拘无束的交流空间，孩子可以在这里分享快乐，倾诉烦恼；父母可以多倾听孩子的真心表达，尊重他的感受。这样不仅会增进亲子关系，也能教会孩子如何有效表达情绪，寻求帮助。

再次，共同创造欢乐的时光。无论是家庭游戏、亲子阅读，还是简单的晚餐时光，都可以增进情感，父母与孩子一起度过的欢笑时光，将成为孩子心中最温馨的记忆。

最后，树立榜样，以身作则。父母通过自己的积极态度、乐观精神以及解决问题的智慧，成为孩子学习的榜样，引导孩子学会用理智、平和的态度应对各种困难。

五、老二对老大究竟有没有影响

1.老二对老大构成了哪些威胁

随着生育政策的逐步放宽，越来越多的家庭迎来了新生命，温馨与热闹的背后，家庭关系和相处模式正悄然发生变化。尤其是当老二逐渐长大，开始与老大争夺父母的关注时，原有家庭的平衡关系很可能被打破。曾经以老大为核心的家庭结构被改变，一家人的日常互动、教育引导等相处模式都需重新考量。家庭资源的分配，从集中于一人，转变成需要同时满足两个孩子的需求，处理不当的话，很容易导致亲子关系紧张，甚至引发孩子之间的矛盾和冲突。

对于老大来说，他曾经是家庭的焦点，享受着父母的独宠和全部的关注。然而，老二的到来让很多事情都发生了改变。玩具要共享，食物要分享，父母的怀抱不再只属于他，甚至有时还要承担起照顾老二的责任。这种转变，无疑是对老大的一种挑战，同时也标志着他的成长。

随着老二逐渐长大，两个孩子之间不可避免地产生竞争，无论是学业、才艺还是性格。父母可能在不经意间将两个孩子进行比较，这种比较不仅会给孩子们带来压力和不公平感，还可能伤害他们之间的手足之情。

当老二在某些方面超越老大时，老二可能会成为老大的潜在威胁。老大可能会感到自己的地位受到威胁，父母的关注被转移，自身价值被降低，这种威胁感可能会引发老大出现焦虑、不安，甚至产生抵触的情绪。

对于父母来说，平衡对两个孩子的关注和关爱是一项不可避免的责任。父母需要关注老大的情感波动，理解他的不安和焦虑，同时也要给予老二充分的指导和支持。在两个孩子的成长过程中，父母需要展现出更多的耐心和智慧，去化解潜在的矛盾和冲突。

假期带孩子游玩时，我曾看见令人印象深刻的一幕。一位小男孩坐在桌边，边哭边说："你们不爱我了，你们都不关心我，你们只关心妹妹，我要自己去玩。"孩子的母亲无奈地走过来，对儿子说："我们怎么不管你了？"看到这里，我感到既欣慰又无奈，欣慰的是孩子能够表达出自己的感受，无奈的是父母往往难以理解孩子为什么会有这样的想法。

很多父母在有了老二后会不经意间冷落老大。由于两个孩子之间存在年龄差距，他们所需的关爱方式也有所不同。老大可能无法知晓自己成长过程中父母付出的爱，却每天能看见父母对老二无微不至地照顾，很自然地会感到自己被忽略。

多子女家庭的父母一定要让孩子们明白，父母对他们的爱都是相同的，只是因年龄差异，爱的表达方式可能会不一样。对此，父母可以采取以下策略。

平等地表达爱意：向每个孩子单独表达爱意，让他们明白，无论年龄大小，父母对他们的爱都是无私且平等的。可以通过拥抱、亲吻等肢体语言来表达对每个孩子的珍视。

提供个性化的关爱：要理解每个孩子都是独一无二的，每个孩子的需求和兴趣各不相同。父母应根据孩子的年龄和性格特点，提供个性化的关爱，让每个孩子都能感受到被理解和尊重。

培养手足之情：创造条件让孩子们一起玩耍，比如一起做游戏、手工制作、共读故事书等，增进他们之间的情感。同时，父母可以引导老大学习照顾老二，培养他的责任感和爱心。

公正地处理冲突：当孩子们发生争执时，父母应保持中立，公正地听取双方的意见，并引导他们用和平的方式解决问题；避免偏袒任何一方，以免加剧孩子间的矛盾。

设立家庭规则：制订明确的家庭规则，确保每个孩子都了解并遵守。这有助于维护家庭秩序，减少冲突，同时让孩子们学会自律和尊重他人。

定期召开家庭会议：鼓励孩子们在家庭会议中分享自己的想法和感受。这有助于增强家庭成员之间的情感联系，及时发现问题并解决。

培养感恩的心态：教育孩子们学会感恩，让他们认识到家庭是一个团体，每个人都是不可替代的；鼓励孩子们相互赞美和支持，营造积极向上的家庭氛围。

（场景一）

一天晚上，小明和小花因争抢一个玩具而发生了争执。爸爸妈妈听到后，立即过来了解情况。

爸爸平静地说："好了，孩子们，我们先冷静下来。告诉我，发生了什么事？"

小明委屈地说："我想要玩那个玩具，可是小花不肯给我。"

小花生气地说："我也想玩！"

妈妈说："我明白你们都想玩这个玩具，但是玩具只有一个。我们可以想个办法，比如轮流玩或者一起想个新游戏来玩？"

在父母的劝导下，小明和小花同意轮流玩玩具，并共同构思了一个新游戏。

（场景二）

晚餐时，爸爸妈妈提议大家分享今天最令人感动的人或事。

小明认真地说："我今天最感谢的人是小花，她帮我找到了丢失的铅笔。"

小花害羞地笑："我也要感谢哥哥，他在教我骑自行车的时候很有耐心。"

妈妈满怀感动地说："看到你们这么懂得感恩，妈妈真的很开心，我们是相亲相爱的一家人。"

（场景三）

晚餐时，父母分别给小明和小花夹菜，并温柔地说："小明，这是你最喜欢的红烧肉，多吃点。小花，这是你最爱的清蒸鱼。"

小明好奇地问："爸爸妈妈，你们怎么知道我们喜欢吃什么？"

妈妈微笑着说："因为我们爱你们呀，你们都是爸爸妈妈从小照顾到大的孩子，当然知道你们喜欢吃什么，我们对你们的爱都是一样的。"

2.多子女的家庭，父母如何平等地爱每个孩子

在多子女的家庭中，父母需要解决如何平等地给予每个孩子足够的关爱和关注。

我曾有幸结识一位母亲，她养育了四个孩子，每个孩子都渴望得到父母的关爱和关注。然而，大人的时间和精力总是有限的，通常情况下，年龄较小的孩子往往能得到更多的照顾和关注，这导致年龄较大的孩子有时会感到被忽略，甚至可能认为弟弟妹妹占有了父母的爱。

对于这位母亲来说，她能理解每个孩子对爱的需求各不相同。年龄较小的孩子，生活自理能力相对较弱，需要无微不至地照顾；而年龄较大的孩子则渴望更多的独立空间和父母表达

爱意的方式。

那么，如何以恰当的方式平等地爱每一个孩子，让他们都能感受到家庭的温暖和父母的支持呢？

首先，了解并尊重每个孩子的性格特点和需求。对于年幼的孩子，父母应给予更多的身体接触和陪伴，以满足他对安全感和亲密感的渴望；而较为年长的孩子，应在情感上多给予支持和理解，倾听他的想法和感受，成为他成长道路上的引路人。

其次，对每个孩子都一视同仁，无论是口头上的"我爱你""我为你感到骄傲"，还是行动上的拥抱、亲吻和鼓励的眼神，都能让孩子深切感受到父母的爱，让孩子们在充满爱的环境中茁壮成长。

最后，无论哪个孩子分享自己的想法和感受，父母都应放下手中的事务，耐心倾听，给予真诚的反馈和理解。

当父母足够了解每个孩子，一视同仁地对待他们，耐心倾听他们的心声，家庭中便不会再有人有被忽视的委屈。每个孩子都能在这份充盈的爱里建立安全感，兄弟姐妹之间会感受到平等的爱，从而更加友爱互助，共同营造一个温馨且和谐的家庭环境。

练习：我们的家

通过对家庭的描述，家庭成员在游戏中增进感情。

A.材料准备

为每位家庭成员准备充足的纸张或画布。

准备多种颜色的画笔，以及其他装饰物品，如贴纸、彩带等。

准备一个展示区域，如墙面或桌面，用于展示完成的作品。

B.环境布置

选择一个安静、明亮且易于清洁的绘画区域。

铺设保护垫或报纸，以防颜料溅落。

C.介绍主题

向家庭成员介绍活动主题"我们的家"，鼓励大家从个人视角出发进行创作。

简短讨论"家"对每个人的意义，激发创作灵感。

D.个人创作

每位家庭成员开始自己的创作，可以绘制家的外观、内部场景、某个特别的物品或是家庭成员的肖像。

鼓励自由发挥，不拘泥于形式或技巧。家庭成员间可以简短地交流想法或寻求建议，但避免过度干扰。

E.作品展示

每位家庭成员轮流展示自己的作品，分享创作灵感或作品背后的故事。

F.互相提问

相互欣赏作品，提出感兴趣的问题或给予正面的反馈。

可以设置一个"我最欣赏的部分"环节，让每个人分享他人作品中自己最喜欢的地方。

大家在作品前合影留念，作为家庭活动的美好回忆。

Chapter 6

先爱自己，再爱孩子

一、爱自己，才能更好地爱孩子

1.为什么要先学会关爱自己

关爱自己，是爱的起点，也是爱的基石。这并非自私的表现，而是源于深刻的自我认知和自我关怀。每个人只有先学会爱自己，才能更深刻地理解爱的真谛，才会以健康的方式爱孩子。爱自己，意味着要关注自己的情感需求、保持身心健康、追求个人成长和幸福。

养育孩子是一项艰巨且长期的任务，它要求父母投入大量的时间、精力和情感。很多父母愿意牺牲自己的个人生活和工作来养育孩子，认为这是对孩子最好的做法，但这不意味着父母应该完全牺牲自己的生活、兴趣和职业发展。相反，父母应该认识到自己的价值不仅限于家庭角色，还可以通过培养兴趣爱好、提升职业技能等方式，不断提升自我价值，以更加自信和积极的态度面对家庭和生活中的挑战。

有了孩子以后，父母往往将全部精力集中在孩子身上，也容易忽略自己的情感需求。正如飞机在飞行前必须检查机身一样，父母在照顾孩子之前，也要确保自己的情感充沛，这也意味着父母要学会倾听自己内心的声音，关注自己的情绪变化，适时地给自己"充电"。

无条件的爱意味着父母对孩子的付出没有任何附加条件，只是纯粹地爱孩子本身。它不以孩子达到某种标准或成就作为回报，也不要求孩子满足父母的期待和需求，它只需要让孩子感受到真正的温暖和安全感，让他能够自由快乐地成长。

父母应当关注自己的情感需求和身心健康，保持积极的生活态度，不断提升个人价值和能力，这是无条件的爱的前提。只有当父母自身的情感需求得到满足时，他们才能以更加饱满的热情和稳定的情绪面对孩子和家庭，给予孩子真正的无条件的爱。

如果父母无法满足自己的基本情感需求，比如安全感、自尊和归属感，他们将难以有足够的精力去关心和照顾孩子。

因此，照顾好自己不仅是为了满足个人的幸福，也是为了能够更好地履行父母的职责。

首先，关爱自己是为了保持身心健康，确保自己处于最佳的状态，身心健康的父母才能为孩子提供一个温暖的成长环境。如果忽视了自己的身心健康，疲惫和压力会逐渐累积，最终影响到自身的情绪和行为，甚至可能对孩子的成长产生负面影响。因此，父母应多关注自己的身体状况，保持适量的运动、均衡的饮食、充足的睡眠，维持良好的身体状态。

其次，关爱自己有助于塑造积极的自我形象。当父母满足

了自身需求时，会以更加自信、积极和乐观的态度面对孩子，展现出更多的耐心和爱心。

再次，关爱自己能够保持独立思考和自主决策能力。父母在照顾孩子的同时，也要保持自己的兴趣爱好、社交圈子和职业发展，以实现个人成长和自我价值的提升。这样的父母，能够更加理智地应对孩子的教育困难，作出更明智的决策。

最后，关爱自己是建立健康亲子关系的基础。父母学会爱自己，了解自己的情绪和需求，就会更加理解孩子的情绪和需求。这种相互理解有助于父母与孩子之间建立深厚的情感，促进亲子关系的和谐发展。

以下提供几种关爱自己的方式。

（1）倾听自己的心声。

每天抽出时间冥想或撰写日记，回顾一天的经历，识别并处理负面情绪，保持内心的宁静。

（2）保持个人的兴趣爱好。

重拾或尝试新的兴趣爱好，比如，瑜伽、烹饪、摄影等，让生活更加丰富多彩。

（3）关注身心健康。

定期进行身体检查，保持均衡的饮食、适量的运动和充足的睡眠。

（4）寻找情感支持。

与家人、朋友分享自己的经历和困惑，学会释放压力、享受生活。

（5）保持个人界限。

与配偶共同承担育儿责任，避免过度劳累。对于超出个人能力范围的事情，要学会寻求伴侣的帮助。

（6）培养正面思维。

关注生活中的美好事物，经常鼓励自己，增强自信心，相信自己有能力应对养育孩子的困难和挑战。

（7）放低期待值。

每个孩子都有自己的成长节奏，尊重孩子的选择和发展方向，给予理解和支持，而不是责备和苛求。

2.首先你是自己，其次才是父亲或母亲

在社会中，每个人都扮演着多重角色：父亲或母亲、儿子或女儿、职场人士、兄弟或姐妹……这些身份如同一张张面具，让你在不同的场合展现不同的身份。然而，在这些角色中，有一个最基础也是最重要的身份常常被忽略，那就是——自己。在探讨如何成为一位父亲或母亲之前，我们首先要学会如何成为真正的自己。

成为一位父亲或母亲，是生命中最美妙的一段旅程，充满了无尽的喜悦与满足感。但在这个过程中，许多人在不经意间忽略了自己，将全部精力投入到孩子身上，牺牲了自己的时间、兴趣乃至梦想，只为给孩子提供最好的一切。这种无私的奉献

精神固然值得敬佩，但长此以往，可能会自我迷失。

要努力成为一个完整、独立的个体，必须要学会自我关爱，这是一种责任，也是对自己最好的投资。

第一步：接纳自己。

接纳自己是自我关爱的基石。你要学会接纳全部的自己，无论是优点还是缺点；避免过度批评和指责自己，要用温柔的眼光看待自己，认识到自己是独一无二的，认可自己的价值。

第二步：调节情绪。

学会调节情绪是自我关爱的关键环节。每天关注自己的情绪变化，了解是什么事情导致自身产生了负面情绪；然后深入分析负面情绪背后的原因，找到解决问题的方法，缓解情绪，恢复内心的平静。

第三步：尊重自己的感受和意愿。

尊重自己的感受和意愿是自我关爱的核心。倾听内心的声音，不要为了讨好或迎合别人而牺牲自己真实的感受，要按照自己喜欢的方式生活。记住，你是自己生活的主宰，有权选择让自己感到舒适和幸福的方式。

第四步：重视并满足自己的需求。

重视并满足自己的需求是自我关爱的体现。明确自身的需求，无论是物质上的还是精神上的需求，都应当得到关注和满足。不要总是期待他人的施予，而是要学会自己爱自己，自己满足自己。

第五步：自我关怀。

自我关怀是指在遇到挫折、痛苦或失望时，要学会安抚和关心自己，给自己足够的支持和鼓励。可以用一些简单的事情取悦自己，比如，泡一个热水澡、听一场喜欢的音乐会或享受一顿美食。

第六步：静观当下。

静观当下是一种处理负面情绪的方法。用开放、不加评判的态度去感受自己的负面情绪，不要试图压抑或逃避，学会了解自己的内心世界，找回内心的平静和力量。

自我关爱需要时间和耐心，但它是值得的。通过这六个步骤，可以逐渐培养出健康、积极和幸福的自我关爱习惯。

关爱自己与关爱孩子是相互依存、相互促进的。父母学会了更好地关爱自己，关注自己的内心需求，提升精神层面的修养时，那种由内而外散发的温暖便会自然而然地传递给孩子。这样的爱，是一种有力量、有温度、有方向的指引，它将成为孩子人生旅途中最坚实的后盾和最宝贵的财富。

请记住，首先你是自己，其次才是爸爸或妈妈。这不仅仅是一个简单的顺序问题，更是角色的根本转变。关爱自己与关爱孩子并不矛盾，当你活成了最好的自己，那份自然流露的爱与智慧，将会影响孩子的一生。

二、别让孩子的问题打败自己

1.在孩子的成长过程中，父母只需承担一半的责任

　　许多父母常常感到肩上的责任重如泰山，孩子的每一个问题似乎都成了自己的未尽职责。但是，父母必须认识到，在孩子的成长过程中，他们只需承担一半的责任。孩子并非父母的附属品，他是独立的个体，有自己的使命和人生课题。

　　许多父母常常过度担忧孩子的未来，比如，担心他的工作、婚姻问题，甚至担心他的子女教育问题。这些担忧往往是父母自己制造的焦虑，而非孩子当前面临的问题。将未来可能发生的事情提前施加到一个还在学习、成长，甚至心智尚未成熟的孩子身上，不仅不利于孩子的成长，反而可能导致亲子关系紧张，让父母与孩子难以沟通。

　　当父母开始意识到"在孩子的成长过程中，我只需要承担一半的责任"时，实际上是在减轻自己的情绪压力，同时也为孩子腾出自我成长的空间。适度地退让并不是放弃责任，而是将责任适当地移交给孩子，让他在自己的能力范围内尝试和体验。这样做不仅有助于培养孩子的独立性和自主性，还能让亲子关系更加和谐，让父母更容易与孩子建立有效的沟通。

父母需要学会区分哪些是孩子的事情, 哪些是父母的责任。父母应该做好自己分内的事情, 给予孩子足够的空间和自由, 让他去探索、体验和成长。当孩子遇到问题时, 父母不应直接代他解决, 而应引导他学会独立思考和解决问题。通过这种方式, 孩子将逐渐提升自我效能感, 相信自己有能力应对生活的挑战。

班杜拉的社会学习理论认为, 个体通过观察他人的行为及其后果来学习, 并通过亲身经历与挑战来建立自我效能感。如果父母过度干预孩子的生活和学习, 孩子就会失去亲身体验与应对挑战的机会, 难以树立信心。

父母在孩子的成长过程中只需承担一半的责任, 这并不意味着对孩子的成长完全漠不关心, 相反, 是要在适当的时候学会放手, 让孩子有机会去尝试——他有可能会犯错, 但也有可能会成功。当孩子失败时, 父母应给予鼓励和支持; 当孩子成功时, 父母应与他一起分享喜悦。这样, 孩子才能在不断地尝试和体验中逐渐成长为一个自信、独立、有责任感的人。

我有一位朋友, 他与儿子的关系极为融洽。他分享了在孩子成长过程中的陪伴经验, 根据孩子不同的成长阶段, 采用了不同的方式。

孩子0～3岁时, 他无微不至地关怀和照顾孩子, 无论是吃饭、睡觉还是玩耍, 都时刻留意, 确保孩子的安全和健康。

孩子3～6岁时, 他开始引导孩子独立思考和解决问题。当

孩子遇到困难时，他不会直接告诉孩子答案，而是引导孩子进行思考和探索，让孩子学会自己寻找解决问题的方法。

到了6~9岁，孩子开始有了自己的社交圈和兴趣爱好。他以朋友的身份陪伴在孩子身边，分享他的快乐与烦恼，同时也为孩子提供建议和支持。这种平等的交流方式让孩子感受到尊重和理解，也更愿意向爸爸敞开心扉。

进入青春期后，孩子有了更多自己的想法和决定。这时，父母要学会放手，给予孩子更多的自主权。不再事事干涉，而是和孩子保持良好的关系，在关键时刻提供帮助。

我的朋友告诉我，他在陪伴孩子成长的过程中始终遵循一个原则：父母陪伴孩子一同成长，既不会过度干预孩子的生活，也不会完全放手不管，这样既减轻了自己的责任和压力，也给孩子提供了足够的成长空间。

父母不能一成不变地站在孩子前面牵着他前行，而是要在适当时退到孩子身边，成为他的朋友，体会他的喜怒哀乐。当孩子足够成熟时，父母要退到孩子身后，给他提供安全感，鼓励他勇敢地独立前行。

作为父母，要随着孩子的成长而不断成长，要学会放下过度的担忧和焦虑，避免给孩子施加不必要的压力，给予孩子足够的空间去探索和成长。

2.不用成为完美的父母，只用做到60分的父母

在一次采访中，清华大学教授、作家格非曾被这么问道：
什么样的父母，才是最好的？

不少心理学家、作家以及学者都认为：60分的父母是最好
的父母。我也深以为然。60分的父母指的是既不会对孩子不管
不问，也不会过分干预孩子的事务，对孩子的关注度保持在
60%的父母。

在60分父母育儿理念中，适度放手是核心原则。这意味着
父母需要给孩子足够的空间和自由，让他在实践中学习、在错
误中成长，但这并不代表父母可以完全忽视孩子的情感需求。
相反，情感支持是60分父母育儿理念中至关重要的组成部分。
当孩子遇到困难或挫折时，父母应及时给予关心和鼓励，帮助
孩子树立信心。

"厨房危险，你千万别进去！"这是家庭中常见的对话。当
孩子表现出对家务的好奇心和热情时，父母总是以安全为由，
遏制了孩子的探索欲望。当孩子提起垃圾袋，想要为家庭出一
份力时，换来的却是"别碰，那很脏"的劝阻；当孩子满怀热
情地想要尝试择菜、洗碗时，又被"你做不好，还是去写作业
吧"的扫兴话推回到书桌前。

就这样，在一次次的拒绝与否定中，孩子逐渐收回了渴望
探索与尝试的双手；而能干的大人们则忙前忙后，为孩子打理

好一切。长此以往，会导致什么样的结果呢？可能培养出更多缺乏生活自理能力的孩子，这也是现代社会中一个不容忽视的问题。

实际上，孩子远比父母想象中的能干得多。孩子天生拥有着强烈的好奇心和探索欲，渴望通过自己的双手去感受世界、了解世界。父母应该意识到，让孩子适当地参与家务、探索新事物，不一定会给孩子带来危险，反而能够培养他的独立性、责任感和自信心。

作为父母，当孩子想要尝试新事物时，不妨多一些鼓励和支持；当他遇到困难时，多一些耐心和指导。这样，才能真正培养出既有知识又有能力、既有爱心又有责任感的下一代。在这个过程中，父母也不必追求完美的100分形象，只需尽心尽力做一个60分的父母就已足够了。

有一次在机场排队取票，我前面的一位妈妈正牵着六七岁的儿子一起取票。

孩子兴奋地伸手，想要接过机票。

"儿子，机票要交给爸爸保管。"妈妈轻声说。

"妈妈，我想拿票！"孩子满怀自信地回答。

"不行，万一你弄丢了可怎么办？"妈妈显得有些担忧。

"不会的，妈妈，我已经长大了，我能保管好机票。"孩子试图让妈妈相信自己。

"儿子，这事儿可不能大意，万一机票丢了，我们就上不了飞机，会耽误行程的。"妈妈语气中透着一丝坚定。

孩子不甘心地又问："妈妈，那我能不能只拿我自己的那张票呢?"

"不行，儿子，还是交给爸爸保管更稳妥。"妈妈再次拒绝了孩子的请求。

最终，孩子带着一丝委屈，无奈地走向了爸爸。

我常会想起这个孩子略显失落的背影，并思考父母在孩子成长过程中的界限。

（1）适度关注，避免过度干涉。

父母要关注孩子的需求，但不必事事代劳。比如，如果孩子想要尝试做家务或自己处理事情，父母应该给予鼓励和支持，而不是担心孩子做不好而代劳。父母可以让孩子在安全的环境下尝试，即使失败了，也是孩子成长过程中的一次经验。

（2）培养孩子的独立性。

父母应鼓励孩子自己解决问题，不要急于为他扫清障碍。此外，还可以让孩子参与决策过程，比如，选择课外活动、安排自己的时间等，培养其自主性和责任感。

（3）提供情感支持。

当孩子遇到困难或挫折时，父母要及时给予关心和鼓励，帮助他树立积极的心态;定期与孩子进行深入地沟通，了解他的想法和感受，稳固亲子关系。

（4）提升自己的幸福感。

父母也有自己的生活和需求，不应完全牺牲自己的幸福来迎合孩子。父母要保持健康的身心状态、追求个人兴趣和职业发展，提升自己的幸福感。

（5）灵活调整育儿策略。

每个孩子都是独一无二的，不要盲目照搬他人的育儿经验，而是要根据孩子的个性和需求，不断地尝试和调整养育方法。

三、适当放手，和孩子一起成长

1.在父母眼里，孩子似乎永远长不大

在父母的眼里，无论孩子年龄几何，似乎总带着几分稚气，让人忍不住想要继续呵护。然而，这种"孩子似乎永远长不大"的观念，虽然体现了父母深沉的爱意，却也可能成为孩子成长的阻碍。

这种观念往往源于父母内心深处的不信任——既不相信孩子有能力独立面对外界，也不相信自己能够真正放手让孩子去尝试。这种不信任像一根无形的绳索，紧紧束缚住孩子成长的脚步，同时也让父母陷入了过度保护的泥潭。

过度保护看似是对孩子的深爱，实则是剥夺了孩子自我成

长的空间。当孩子被过度保护时,往往会更容易受到伤害。因为缺乏独立面对挑战的经验,他可能变得胆小、畏缩,甚至失去对生活的热情和好奇心。真正有助于孩子成长的做法是,在确保安全的基础上,让孩子去体验、去收获,从失败中吸取教训,从成功中积累经验。

小明刚升入初中,很快在学校结识了一群志同道合的朋友,他们一起打球、一起讨论喜欢的动漫、一起分享生活中的点滴快乐。然而,在妈妈的眼中,这些人却充满了不确定性和潜在的危险。

每当小明兴奋地向妈妈讲述他与朋友们的趣事时,妈妈总是会详细询问每位朋友的情况,包括他们的学习成绩、性格和习惯。一旦妈妈认为某位朋友不够优秀,或者行为略有偏差,她就会不自觉地流露出担忧,试图说服小明减少与这位朋友的交往。

有一次,小明邀请了几位朋友来家里做客。其中有一位朋友穿着比较前卫,说话也略带几分俏皮,这让小明妈妈感到有些不安。事后,妈妈对小明说:"你以后和他相处的时候要注意点,他看起来不太像是乖孩子。"这番话让小明感到十分尴尬,也让他对妈妈产生了不满。

随着时间的流逝,小明越发觉得妈妈过度干涉他的交友自由。他认为自己已经长大了,有自己的判断标准,也懂得如何保护自己,妈妈的过分担忧和干涉令他反感。

终于有一天，小明鼓起勇气与妈妈进行了一次深入交谈，他表达了对妈妈干涉他交友自由的不满，也阐述了自己对友情的理解和看法。他告诉妈妈，真正的友情是建立在兴趣、爱好、性格等基础上的，而不是仅看重对方的外表或成绩。同时，他也向妈妈保证，自己会谨慎选择朋友，不会让不良的行为影响到自己。

这次交谈也让小明妈妈意识到，儿子已经长大了，有自己的判断和选择能力，她应该给儿子更多的信任和自由。爱，需要智慧的引导；成长，需要广阔的空间。真正的爱，不仅仅是物质上的满足与情感上的慰藉，更要在适当的时候学会放手，让孩子在生活的风雨中磨砺羽翼，逐渐学会自己飞翔。

孩子在不断长大，他的心智、情感都在不断成熟，对世界的认知与探索也日益深入。因此，父母的养育方式也必须随之调整，以适应孩子的成长需求。

首先，把孩子视作一个独立的个体来对待，这不是要剥夺他的童真与乐趣，而是要求父母在心态上做出转变，认识到孩子是有思想、有情感的独立存在，要以更加平等和开放的态度去倾听他的声音，理解他的想法，给他提供表达自我、展现个性的空间。

其次，尊重孩子是独一无二的个体。每个孩子都拥有独特的天赋、兴趣和性格。父母应当珍视这份独特性，鼓励孩子按照自己的节奏和方式去探索世界，而不是将自己的期望或梦想强加于他。

再次，给予孩子选择的权利。从日常小事到人生重大决策，父母都应尊重孩子的选择，让他学会承担后果，从小培养责任感和决策力。选择，不仅意味着自由，更意味着成长。

最后，相信自己的孩子。信任是对孩子能力的一种肯定，即使面对未知的挑战和不确定的结果，相信孩子能够找到属于自己的答案。这种信任，让孩子在探索的道路上不再孤单，因为他知道，无论遇到什么困难，都有一个温暖的家在等待他。

2.放手不是放任自流，而是安心让孩子去尝试

放手，并不等同于放任自流，而是父母在信任与尊重的基础上，勇敢地退后一步，为孩子腾出探索与成长的空间，这体现了父母深沉且充满智慧的爱。在这个过程中，孩子或许会跌倒，或许会失败，但这些坎坷的经历，必将成为他成长道路上的宝贵财富。放手，让孩子在试错中成长，在挑战中遇见更好的自己。

小明是一个对世界充满无限好奇的5岁小男孩，每次看到其他孩子在公园里骑着自行车自由飞驰，他的眼中便闪烁着对骑行的渴望。这份向往像一颗种子，在小明心中生根发芽，但此事却让父母感到担忧。父母知道骑自行车的潜在危险，起初不敢轻易让他尝试，但是随着时间的流逝，父母开始意识到，骑

自行车不仅仅是掌握一项技能，更是放手培养孩子的独立性。

在小明的一再央求下，父母决定陪伴他一起练习，小明穿戴好护具，在空旷的草地开始练习。起初，摇晃与跌倒是家常便饭，但是父母鼓励小明自己爬起来，在失败中继续坚持，尝试找到平衡。

每一次跌倒都是成长的历练，每一次坚持都是勇气的积淀。经历了数十次失败后，当小明独立完成第一圈骑行时，脸上的笑容比夏日的阳光还要灿烂。

小明在练习的过程中，一旁的父母心中充满了担忧，生怕孩子会受伤。但看见孩子灿烂的笑容后，所有的忧虑瞬间化作欣慰与骄傲。他们意识到，真正的成长往往发生在父母放手让孩子独立尝试、亲身体验的那一刻，要让孩子自由探索、勇敢面对挑战，而他们只需默默守候，成为孩子坚实的后盾。

有一次，我与一对夫妻进行交流。妈妈满怀忧虑地向我倾诉，现在的生活不易，工作难找，父母作为过来人也是经历了社会的"毒打"和鞭策。她说，正因为如此，自己才迫切希望孩子能够好好学习，以便未来更好地适应社会。

听完妈妈的诉说，我作为同处这个时代的成年人，能体会到她的焦虑与担忧，但我也表达了我的看法。她的孩子现在只有15岁，她描述的社会艰辛与不易，孩子很难有切身感受，父母的焦虑和担忧很难在孩子心中引起真正的共鸣。

这位妈妈对孩子的担忧和焦虑，其实是将自己对未来的不确定性、恐惧和不安投射到孩子身上。我告诉这位妈妈，与其将社会现状和压力直接灌输给孩子，不如多提高孩子的自身能力，无论未来社会如何变化，有些能力是可以让孩子受益终身的。比如，情绪管理能力，它能帮助孩子在面对压力和挑战时保持冷静与理智；沟通能力，它能让孩子在人际交往时游刃有余；抗挫折能力，它能让孩子面对失败和困难时坚韧不拔；想象力，它是创新和进步的源泉。

培养这些能力的最佳途径就是给予孩子足够的空间和自由，让他在实践中学习和成长。以下列举几点具体方法。

（1）明确表达信任。

言语肯定：父母直接用语言向孩子表达信任。比如，我相信你有能力完成这个任务，我知道你可以做得很好。

非言语表达：通过肢体语言和面部表情传达信任感。比如，一个鼓励的眼神、一个温暖的拥抱，都能让孩子感受到父母的信任和支持。

（2）提供尝试机会。

赋予责任：适当地给孩子分配一些家务或任务，让他有机会展现自己的能力，这不仅能增强孩子的自信心，还能提高他的责任心。

鼓励尝试：当孩子想要尝试新事物时，即使担心他可能会失败，父母也应鼓励他去尝试和探索。

（3）积极反馈。

多给予表扬：当孩子取得进步或做出正确行为时，明确指

出他的优点和成就，并给予真诚的赞赏。比如，你今天的数学作业完成得很好，解题思路很清晰。

共同庆祝成功：孩子取得重要成就或进步时，与他一起庆祝，这不仅能增强孩子的成就感，还能让他感受到父母的喜悦和认可。

（4）倾听与理解。

耐心倾听：当孩子倾诉他的想法、困惑或困难时，父母要耐心倾听并给予积极的回应。

表达理解：以同理心去理解孩子的感受和处境，告诉他你愿意支持他渡过难关。

（5）树立榜样。

展示信任：夫妻之间、父母与孩子之间都要相互信任。通过自身的行为向孩子示范什么是信任，让他学会信任和尊重他人。

积极面对挑战：让孩子看到父母在面对困难时积极乐观的心态，他也会受到鼓舞，学会以同样的心态迎接自己的挑战。

四、降低期望值，轻松应对当下

1.不被父母接纳的孩子，其背后是不能接纳自己的父母

当孩子在家庭里不被完全接纳时，他很容易陷入自我怀疑

和自我否定，难以真正接受和喜欢自己。这种不被接纳的背后，往往映射出父母不能真正地接纳自己。

若要孩子学会接纳自己，首要前提是父母需要学会接纳自己。

接纳，意味着承认和尊重个体的差异与价值，不因其外在表现或内在特质而产生偏见或排斥。对于孩子而言，接纳意味着他的情感、需求、想法和行为都能被父母看见、理解和支持，即使孩子并不完美或不完全符合期望。

很多父母在养育孩子的过程中对孩子有过高的期望，有时甚至难以接受孩子的不完美。其实，这种现象背后隐藏着一些深层次的原因。

其一，父母可能从小就习惯了通过别人的评价来定义自己，他们可能一直都很在意别人的看法，却忽视了发自真心地喜欢和接纳自己。这种思维模式使他们在养育孩子时，也容易把外界的标准强加给孩子，希望孩子能按照他们的期望去成长。

其二，父母可能有一些未完成的梦想或遗憾，心里可能一直存在一个心结，希望通过孩子来弥补、实现。比如，有的父母热爱音乐，所以希望孩子能学习音乐。

其三，有些父母认为只有孩子足够优秀，就能为自己赢得颜面。这种心理让他们对孩子的期望值特别高，甚至可能对孩子过度控制。他们担心孩子一旦表现平平，自己就会失去安全感。但真正的安全感应该来自内心的平静和满足，而不是外在的成就或地位。

其四，有些父母习惯将自己的孩子和别人家的孩子作对比，总认为别人家的孩子都很优秀，而自己的孩子则诸多不足。这种比较其实是不公平的，会让孩子感到巨大压力，使其陷入自我否定的困境，认为自己永远也达不到父母的要求。

其五，还有一些父母把孩子视为自己生活的全部，过度依赖孩子来满足自己的情感需求。这种依赖心理让他们难以接受孩子逐渐独立，当孩子长大了，他们往往会感到空虚和失落。

其六，由于父母在自己的成长中不被完全接纳，也没有得到足够的关爱，他们可能不懂得如何去接纳和爱自己的孩子。

因此，作为父母，需要学会真正地接纳自己，包括自己的不完美和遗憾。只有这样，才能更好地接纳孩子，让他自由地成长为自己想要成为的样子。

有一位朋友，她的记事本上密密麻麻地记录着女儿的日程安排：周一学习奥数、周二练钢琴、周三参加英语辩论……即便是周末，时间也被编程课排得满满当当。她的生活似乎被孩子的日程表完全占据，仿佛孩子的未来就是她全部的寄托。每次聚会，她总是以要陪伴孩子为由婉拒，久而久之，大家也习惯了她的缺席。

然而，在最近的一次聚会上，我们惊讶地发现她竟然来了。她向我们透露，她的甲状腺和乳腺出现了问题，医生建议她注意情绪管理。她无奈地表示，尽管每天付出大量时间和精力，孩子却总是达不到她的要求，甚至还会和她发生争执。不仅如此，家人也埋怨她对孩子管教不当，让她感到无比委屈。她叹了口气，感慨道："哎，做妈妈太难了。现在生病了，干脆什么都不管了，先照顾好自己的身体再说。"

朋友问了她一个问题："你是希望孩子成为她自己，还是成为你期望中的样子？"这个问题像一记重锤，狠狠地敲在她的心上，让她陷入了沉思。

在聊天的过程中，她慢慢意识到，自己对孩子的期望，其实源于内心深处未完成的遗憾。她曾有过许多梦想，但因种种原因未能实现。于是，她把孩子的成长路径规划得满满当当，希望孩子在学业上出类拔萃，认为孩子成绩优异让她面上有光。然而，这种过高的期望不仅让她自己疲惫不堪，也让孩子的压力越来越大。

她回忆起自己的童年时期，每次考试成绩不理想，整晚都会辗转反侧、难以入睡。进入职场后，一旦任务完成得不尽如人意，焦虑情绪就会如影随形。她始终难以正视自己的不足，总是不自觉地陷入自我否定。随着谈话的逐渐深入，她清晰地意识到，自己从未真正地肯定过自己。原来，她一直无法接纳自己的不完美，这种心态也在无形中影响到自己对孩子的教育方式。

这次四处求医分散了她管教孩子的精力，也让她重新审视自己的生活，不再将全部重心放在孩子身上。她意识到，孩子不是她实现自己梦想的工具，他是一个独立的个体，拥有自己的人生轨迹。

后来，再遇到她时，她感慨地说："当我开始重新规划自己的生活，重拾兴趣和爱好，不再让孩子的生活占据自己的每一天时，反而与孩子的关系变得更加和谐了。这段经历让我重新审视了自己，我发现，只有真正地接纳自己，才能更好地接纳孩子。"

父母要接纳自己并接纳孩子，可以从以下几个方面着手。

（1）自我反思。

反思自己的情绪、期望值和行为，父母要认识到自己的不完美，并坦然接受它。

（2）调整期望值。

设定合理的期望值，不要对孩子提出过高的要求，理解每个孩子都是独特的个体，尊重他的个性和成长节奏。

（3）培养兴趣爱好。

花点时间培养自己的兴趣爱好，丰富个人生活。同时，鼓励孩子也发展自己的兴趣，但不要强迫他追随自己的脚步。

（4）减少比较。

避免将自己或孩子与他人进行不必要的比较，注重自我提升而非超越他人。

（5）自我关爱。

确保自己得到足够的休息和放松，多参加能让自己感到快乐的活动。

（6）保持耐心。

育儿和自我接纳都是一个长期的过程，对自己和孩子保持耐心，坚信通过不懈努力，一切都会变得更加美好。

2.给自己留点时间，也给孩子留出空间

很多父母为了孩子几乎牺牲了自己的全部时间和生活，他们日夜辛劳，不仅在职场竭尽全力，回到家后还要辅导孩子的学业，处理各种家务琐事。这种持续的高压状态很容易让父母在辅导孩子时情绪失控，进而影响到亲子关系。

实际上，父母应当明白，给自己留点时间，也给孩子留出空间，这有利于建立健康的亲子关系。

给自己留点时间是指父母要照顾好自己的情绪和生活。每个人都有自己的需求和兴趣，父母也不例外。父母牺牲自己的全部时间来照顾孩子，虽然体现了无私的爱，但长此以往，也可能会身心俱疲，进而影响到亲子互动的质量。因此，父母应合理规划时间，给自己保留些许私人时间，无论是阅读、运动还是与朋友聚会，都有助于放松心情，恢复精力。

给孩子留出空间则是让孩子在成长过程中有足够的自主权和探索机会。很多父母在辅导孩子写作业时容易情绪失控，一部分原因是对孩子有过高的期望和严格的要求。然而，每个孩子的学习节奏和方式不同，父母应该尊重这一差异，允许孩子犯错，允许他在不断地尝试中取得进步，而不是一味追求

完美。

当孩子在学习中遇到困难时，父母可以给予适时的指导和帮助，但更重要的是培养孩子自主学习和独立解决问题的能力。鼓励孩子独立完成作业，即使最初错题率很高，也要让他通过不断地修正错题，逐步掌握学习的方法，提高学习效率。

常常在视频中看到辅导孩子写作业的父母因孩子表现不佳而情绪失控，血压飙升，甚至对孩子大发雷霆。这样的场景不仅让孩子感到害怕，也可能使其对学习产生抵触情绪。孩子不禁会想：为什么我一学习，父母就会变成这样？学习真的是一件坏事吗？

学习是孩子自己的事情，父母过度干预和设定过高的期望值往往会让孩子感到压力巨大，感到窒息，从而失去了对学习的兴趣和动力。父母不要总是盯着孩子的作业和成绩，也应多关注他的兴趣和潜能。

父母给自己留点时间，让自己的生活更加充实和快乐；同时也给孩子留出空间，培养他的自信和独立性。当父母专注于自我成长时，实际上也是给孩子树立一个榜样的作用。在这样的家庭环境里，父母和孩子都能找到属于自己的幸福。

总的来说，父母只有先经营好自己的生活，才能以更好的状态和充沛的精力去关爱和陪伴孩子。孩子也能从父母身上学会如何爱自己，以及如何积极面对生活的挑战。

五、做快乐的父母，重回社交生活

1.快乐的父母，快乐的孩子

人们常说："爱笑的人，运气不会太差。"这句话道出了用乐观心态积极面对生活的真谛。快乐的人，总能发现生活中的"小确幸"，用笑容化解矛盾，用幽默调节气氛，这样的正能量不仅让自身魅力倍增，也让周围的人感到舒适和愉快。

莫言在其散文《母亲》中描绘了这样一幅场景：在艰苦的生活中，满脸皱纹的母亲嘴里哼着小曲，这份乐观的心态让孩子充满了安全感和对未来的希望。这恰恰证明了母亲的情绪对孩子心理状态的直接影响。一位积极、乐观的母亲，能够像一束温暖的阳光，照亮孩子的内心世界，让他面对生活的挑战时，依然能够保持昂扬向上的心态。

我曾经听过一段精彩的演讲。

我们每个人都渴望幸福，想要快乐。可是，当你的母亲过得很哀伤，你敢快乐吗？

你不敢。因为这个时候，你的快乐等同于一种背叛。我们宁愿舍弃自己的幸福，也不敢快乐。

当母亲大声斥责孩子："我骂你是为你好，你听到了吗？"孩子看到的是母亲口中说着爱，脸上却布满狰狞。孩子内心在想：哦，原来这就是爱。

孩子就这样一天天长大，他很爱他的父母。终有一天，他也会用父母爱他的方式大声对年迈的他们说："你怎么回事儿，我都告诉你了，要多穿点衣服，你怎么都听不明白呢！"

我不相信那时的父母会认为这是孩子爱我的表现，毕竟这是如此严厉地责备。我相信他们的内心一定很难过，因为孩子真的将他们曾经说过的话都铭记于心。

因此，如果父母不希望子女将来以同样的方式对待自己，那就不应该用这样的教育方式。父母应坦诚地告诉孩子："我责骂你不是因为我爱你，而是因为我没有管理好我的情绪。"

父母的情绪状态不仅影响了自己的生活质量，也深刻影响着孩子的成长。请不要忽视内心的感受，勇敢地追求那些令内心快乐的事情。无论是培养新的兴趣爱好，还是与亲朋好友共度美好时光，都是创造快乐的方式。

以下提供一些日常且令人快乐的方法。

（1）找到乐趣。

投身于自己喜欢的事情，无论是阅读、画画、运动还是其他任何爱好。

尝试新鲜事物，为生活增添新鲜感。

（2）保持健康。

注重饮食均衡和适度锻炼，保持身体健康。

保证充足的睡眠，让身体得到充分的休息。

（3）积极社交。

与亲朋好友保持联系，分享生活点滴。

参加社交活动，扩大自己的社交网络。

（4）学会放松。

学一点释放压力的方法，不要让自己过度紧张。

尝试冥想、瑜伽或其他放松技巧，让心灵回归平静。

（5）珍惜当下。

专注于当下，享受与家人共度的每一刻。

不要过于担忧未来或沉迷于过去，珍惜眼前的幸福。

2.轻松地生活，从幸福迈向更幸福

轻松，是身心感到愉悦与放松，它源于内心的平和与满足，而非外在物质的堆砌或对物欲的追逐。

轻松地生活意味着不让自己过分劳累，不被外物"牵着鼻子走"，比如，不必追求大量奢侈品、摒弃争强好胜的心态等，脚踏实地地过好自己的日子，遇事不慌，乐观开朗，笑对人生的风雨。

生活就是享受过程，应学会珍惜每一个当下，静下心来，感受满足和幸福。比如，不需要的东西就不必留存占据空间，

家里整整齐齐，视觉上也令人愉悦；多听听内心的声音，清楚自己真正的需求；工作的时候全力以赴，下班后尽情放松，陪伴家人、观看电影，或者静静地发呆；别忘了给自己"充电"，比如看书、上网课、学门新手艺等，关键在于让生活充满意义和有所收获。

生活中的幸福也并非遥不可及，它往往就藏于日常生活的细微之处，等待我们用心去发现、去感受。它可能来自伴侣的温柔一笑，孩子的每一次成长进步，亲朋好友间的温馨相聚，或是已经拥有的平凡而珍贵的事物。幸福，其实就在我们身边，简单而纯粹。

保持一颗不骄不躁的心，学会在纷扰的世界里保持定力，不被名利所累，不被他人的评价所左右。当我们的内心足够强大，便能抵御外界的诱惑与压力，保持内心的宁静与坚定，成为家庭的稳定支柱。

以下是一些实用的小建议，或许能助你更好地爱自己。

首先，悉心照顾好自己的身体。保证饮食均衡、睡眠充足，留意身体发出的小疼痛……这些看似微不足道的小细节，正是爱自己最具体的体现。

其次，接纳自己的负面情绪。产生负面情绪时，不急于评判，而是静下心来感受当下的真实感受。无论是悲伤、愤怒还是孤单，这些情绪都有其存在的意义。给自己一点时间，去接纳它们，而不要急于否定或逃避。你会发现，接纳自己的负面情绪，就是对自己最好的支持。

再次，要养成自我关爱的习惯。每天对自己说一些积极的话语，提升自我价值感，减少自我批评。还可以尝试着写感恩日记，每天记下让你心存感激的事情，这些都能帮你发现生活中的小美好。

最后，要学会设定个人界限，明确自身的需求和底线，必要时学会拒绝。这样不仅能节省时间和精力，而且当别人提出不合理的要求时，可以温柔但坚定地拒绝。请记住，你有权尊重自己的感受和维护自己的利益。

练习：每天10分钟，让自己元气满满

A.深呼吸（3分钟）

站立或坐下，闭上双眼，深吸一口气至腹部，慢慢呼出，如此反复5次，每次呼吸之间稍作停留。

B.寻找"小确幸"（3分钟）

回忆或写下今天令你感到快乐或心怀感激的小事，比如美味的早餐、温暖的阳光等。

C.自我肯定（4分钟）

站在镜子前，看着自己的眼睛，说出三句积极的自我肯定的话，比如我值得被爱、我有能力克服挑战、我今天过得很好等。